夫のHがイヤだった。

Mio

プロローグ

「もう、いいよ！」

夫はそういって私に背を向け、布団を自分の身体に巻きつけた。

乱暴な寝返りでベッドのスプリングが大きく弾み、その振動で隣にいる私の身体も大きく上下に揺さぶられる。

ああ……今夜もまたコレか。

夫が不機嫌なのは私のせい。私が、セックスを拒んだせい。

私に覆いかぶさってくる身体を、体調が悪いからと押し返した。

悪いのは私。セックスをしたいと思えない私。

浅い寝息を立てる夫の手に、自分の手をそっと重ねた。いつだって夫の体温は私のそれより高く、ぬくもりが伝わってきた。けれど次の瞬間、私の手は振り払われる。

受け入れたほうが結果的に楽だとわかっている。
気持ちいいのは夫だけ。私にとっては痛くてつらい時間。
セックスさえできれば夫は、今夜も明日も機嫌がいい。
夫婦の会話は弾むし、私のことも大事にしてくれる。
ほんの少しの我慢なのに、どうしてもそれができない。

なぜなら、私は夫のセックスがイヤだから。

夫のことを愛しているのに、彼の行為を受け入れられない。
身体も心も拒否している。
自分がおかしいのはわかっているけど、どうしていいかわからない。
セックスができないこの人と、私はこれからも一緒に生きていきたい。
私はそんな矛盾をはらんだ結婚生活を十五年間もつづけてきた。

目次

第2章　試練　――セックスさえなければいい夫　47

第3章　限界　――悲鳴をあげはじめた心と身体　83

第1章

我慢

好きだけど、
痛くてつらい

結婚するとしたらどんな人と？

のちに夫となる陽介《ようすけ》と私の出会いは大学一年生のとき、必修科目の授業でだった。一学年だけで一万人近くの学生がいるマンモス大学。同じ学部に通っていても、顔も名前も知らないまま卒業していく学生が大勢いる。

「だから俺とミオは運命だったんだよ！」と陽介ははしゃいでいた。名字の五十音が近いから、同じ授業に振り分けられただけなのに。

クラスでよく見る顔だった。誰にでも気さくに声をかけるお調子者。長身で目立っている私はちょっと浮いていたけど、彼となら気負わずに会話できた。

大学二年生になるころ、なんとなくつき合いはじめた。彼といると幼なじみと一緒にいるような気安さがあった。

陽介は男三人兄弟の長男。高校は男子校、大学でも学部は九割が男子。それまで女性と交際した経験はほとんどなく、女性に対しても男友だちと同じノリで接してしまう。女性だからといって特別扱いしてほしくない私には、そこも好ましく映った。

人のいいところを見つけては手放しで褒《ほ》める。

それが陽介のいちばんの美点だと私はいまでも思っている。

男性は〝負け〟を認めたくないもの――二十年そこそこの短い人生で、私はそう感じていた。自分が人より劣っているという事実を受け入れたくない。だから、よほどでないと自分より優れた人を認めない。

陽介は、そうした屈託《くったく》をまったく持ち合わせていなかった。誰にでも目を輝かせて賛辞を送る。そこに嘘がないとわかるから、誰もがいい気分になる。だから、いつも何人もの男友だちとつるんでいた。彼らからしたら一緒にいて気持ちがいいのだろう。

私のことも手放しで褒めてくれた。毎日のように「俺にとっては世界一の美人だ」といい、手料理を作れば「こんなウマいもの食べたことない！」という。大げさだったけど、本気でいっているのがわかるから、彼の言葉は私のなかで宝物になった。

小さいころからサッカー、野球とスポーツをつづけてきた彼は、スポーツマンらしい、がっしりとした体つきをしていた。背は私より低かったけど、日に焼けた手は大きかった。ぎゅっと握られると、そこからあたたかいものが流れ込んできた。


彼は家族を何よりも大事にしていた。自分の人生の中心にあるもの、と信じて疑わない。恵まれた家庭に生まれ育ったんだなぁと、彼を見るたびに感じていた。そのせいか、大学時代からすでに、彼の人生設計には家族としての私が組み込まれていた。

「いずれは独立して自分の会社を持つからさ、そのときミオは俺のこと支えてよ」

「子どもはやっぱ男の子がいいよなぁ。俺、キャッチボールとかしたいんだよね」

毎日のようにそんな話をするので、最初は結婚なんてと聞き流していた私にも、次第にふたりの未来予想図が刷り込まれていった。

「大学を卒業したら結婚しよう。ミオは家のことをやりながら、資格の勉強でもすればいいよ。そしたら俺が会社作るとき、きっと役立つからさ」

私自身は、三十歳ぐらいで結婚するつもりだった。結婚願望があるほうではなく、しなくてもいいとすら思っていた。まずは仕事。ひとりで生きていくために十分なスキルと経済力を身につけたい。結婚は、そのあと。

でも陽介があまりに結婚する気満々なので、彼の顔を見ながら自問してみた。

（もし結婚するとしたら、どんな人としたい？）

答えは、すぐに出た。陽介だった。

裏表がなく、人のことを決して悪くいわない。

家族を愛し、全力で家庭を守ろうとする。

もし彼と別れることになったとして、もう一度こんな気持ちのあったかい人と出会えるとは思えなかった。

最終的に陽介と夫婦になるのだったら、三十歳になるのを待つ意味もない。


私たちは大学を卒業した年の夏に、結婚した。

実際に夫婦として暮らしはじめると「これでよかったんだ」と思えてきた。

陽介は思った以上に働き者で、私はそんな彼との生活を気に入った。

私たちは今後ずっと、友だちのような恋人のような夫婦として、ずっと仲よくやっていくのだと確信していた。

未熟なふたりの手探りセックス

恋人時代からずっと、夫のなかでは「一緒にいる＝セックスできる」だった。

彼にとって私は〝はじめての相手〟だった。

私も、それまでにおつき合いした男性の数は多くない。

高校生のときにロストバージンをして、夫で三人目。十代同士のセックスは稚拙《ちせつ》なものだっただろうけど、それでも元カレたちとのベッドで私は気持ちいいと感じていたし、それをすることが嫌いではなかった。

若いときの恋愛は何もかもが新鮮でキラキラして見えるものだから、彼らとのセックスについても何割増しかで素敵に思い出されるのかもしれない。それでも肉体的な快感はたしかにあった。

学生時代はお互い、手探りだった。

つき合いはじめてすぐに、彼は身体を求めてきた。

そのときに「俺、はじめてなんだよね！」とあっけらかんといった。「下手《へた》でも笑わないでね」といわれたけれど、私だって男性のことを上手《じょうず》とか下手とかジャッジできるほどの経験があるわけじゃない。

私にかつて恋人がいたことは知っていたけれど、彼にそのことで劣等感を抱いている様子はまるでなく、むしろリードしてほしいという気持ちを素直に表していた。この年齢だと童貞であることを隠したがるものかと思っていたけど、いっさい意に介していない様子が、いかにも彼らしかった。

最初のセックスはうまくいかなかった。もう一度いうけれど、私には未経験の男性をリードするほどの技量も余裕もない。挿《い》れるべきところがわからず焦《あせ》る彼に、なんて声をかけていいのか戸惑っていたら、「舐《な》めて」といわれた。

これが、私から彼への初フェラチオ。

そう遠くない将来に、この「舐めて」が自分にとってもっとも憂うつなセリフのひとつになることを、このときの私が知るわけもない。長いあいだ悪戦苦闘していたにもかかわらず、ちっとも硬さを失っていない彼の分身を、私は口にふくんだ。

その後、私たちはなんとかつながった。入ってきた瞬間、強い異物感に声が出そうになったけれど、こらえているうちに彼は果ててしまった。

あっという間だった。上手とか下手とか、判断しようもないほど短い時間だった。それはそうか、はじめてだもんね――これまで経験してきたなかで最短の挿入時間だったけどまったく気にならなかった。好きな人と結ばれたことで、私は満ち足りていた。元カレたちとのセックスのような快感はなかったけど、彼だってそのうちきっとうまくなる。私を感じさせてくれる日が来るはず。

当時の私からすれば「セックスってこんなもの」だった。

そのうちよくなると信じていた。だって私たちは、お互い愛し合っているから。

自分で自分を高めるしかない

けれど結婚してからも、彼のセックスはほとんど変わらなかった。申し訳程度に私の身体に触れ、飽きるとすぐ「舐《な》めて」。私は彼の脚と脚のあいだに座り、口を使う。いったん満足すると夫は無言で私の身体に覆いかぶさってきた。私の身体はひんやりと冷えたまま。彼のペースだけで、事が進む。

男性のあいだでは「早くイクのは恥ずかしい」「長くもたせるほど男としてスゴイ」というのが定説らしい。だから夫は夜ごと、私の上でがんばった。一秒でも長くもたせるよう、顔を真っ赤にして張り切っていた。

(早いほうが、いいのに)

胸のうちにふと湧《わ》いた本音を、私はあわててかき消した。

男として恥ずかしいとかダサいとかは、私にとってどうでもいい。

ピストン運動が長引くと、お腹が痛くなる。このことが私を苦しめはじめていた。


(今夜はしたくないな……)

もともと性欲旺盛なタイプではなかったけど、そう思う夜が増えていった。なんとか応じられる夜もあるけど、どうしても無理な夜もある。そんなときはやんわりと拒んでいたけれど、それで伝わるだろうというのは私の思い込みでしかなかった。

彼には「したくない」ときがない。だから私の「したくない」がわからない。

女性は生理の影響もあり、いつでもOKという人は、男性と比べると圧倒的に少ない。女性が「その気」になるには一定の条件があることを、私はまだ知らなかった。


自分でなんとかしなきゃと、私は知恵を絞った。

夫が私の身体に手を伸ばしてくる。私はそれに、待ったをかける。

「ちょっと時間ちょうだい!」

夫はすでに準備万端。一方の私は、性欲のせの字も湧いていない。なんとか挿入できなくもないけど、こんな状態で受け入れたら、激痛が走る。

いますぐにでも覆いかぶさってきそうな夫の身体を軽く押し戻して、私は彼がコレクションしているエッチな雑誌をベッドの下から引っ張り出す。

「いま自分を高めてるの、待っってて！」

セーラー服の前をはだけ、大きなおっぱいを見せながらニッコリ微笑む若い女の子。四つん這《ば》いになっておしりを突き出し、ビリビリに引き裂かれたストッキングのあいだから白い肌を見せる人妻風の女性……。一ページごとにいろんな女性が現れる。

彼女らの力を借りて性欲を引き出したいのに、気ばかり焦《あせ》ってうまくいかない。夫を受け入れるための必死の努力が実らない。

焦《じ》らされた子犬が飼い主に飛びつくような勢いで、夫が私にむしゃぶりついてくる。一応キスはする。ブラジャーの上から、私の薄い胸をわしづかみにする。ごつい手が太ももを押しのけるようにしてクリトリスを求める。

不快感に鳥肌が立つ。細く立ち上っていた私の欲望の煙は、あっという間に消えてなくなる。

今夜は何百秒でイッてくれるかな

夫が入ってきたそのときから、私のカウントダウンがはじまる。

今夜は何百秒でイッてくれるだろう。

私はときどき、腰をくねらす。感じているような声もあげる。おそらく今日もどこかで、たくさんの女性がしているであろう〝感じているフリ〟。

夫はそれを一度も疑ったことがない。きっと夫は、いまでも「ミオだって感じていたじゃないか」といいたいはず。

やがて夫の腰の動きが激しくなり、私は自分を励ます。もう少し、あと少し。

数十秒がまんすれば、夫は果てる。私は、解放される。

（あぁ……やっと終わった……）

夫が果てて、私の上に覆いかぶさると自然と涙がこぼれる。それは、我慢の時間が終わったあとの、安堵《あんど》の涙。

「あれ、泣いてる？　そんなに気持ちよかったの？」

私の夫は、無邪気な人。私がうなずけば、彼は男として誇らしい気持ちで満たされる。そんな彼に、あいまいな笑顔を作ってみせた。

「気持ちよすぎたの」なんて大嘘はつけない。

でも、夫が都合よく解釈して、機嫌がよくなるならそれでいい。


ふり返ってみるとおかしいことだらけ。

性欲を無理やり焚《た》き付けていた。痛いのに我慢していた。前戯といえるだけの前戯がないことを当たり前だと思っていた。その前戯さえ苦痛だった……。

でも私には、おかしいと思う知識もなければ、彼をリードして気持ちのいいセックスをするテクニックもなかった。したくないときはきっぱり断っていいと、誰も教えてくれなかった。

このときの私は、まだ信じていた。私たち夫婦の未来には、気持ちいいセックスができる日々が待っていると。

セックスがつらくて離婚した人なんて私は聞いたことがなかった。

こうやってずっとセックスをしつづけたら、お互い気心が知れてきて、きっと気持ちよくなるときがくる。夫婦ってそういうものでしょ。

それに、新婚当初は、夫の手が私の身体に毎晩伸びてきたわけではなかった。というのも、夫婦ふたりきりになる日が少なかった。

もともと友だちは多かったけれど、就職して交友関係が広がったことで、夫はますます人づき合いのよさを発揮するようになった。仕事が終わったらお酒に誘われて連れ立って飲みにいく。彼自身もワイワイ飲むのが大好きだった。

けれど同時に、家庭を大事にしたいという意識が強い人でもあった。飲みたい、でも家にも帰りたい。そんな彼が出した結論が「友だちを家に招いて飲む」だった。

夫がウチに連れてくるなかには、私もよく知っている、大学の同級生の顔もあった。まだ若くてよく食べよく飲む彼らのために、私はキッチンに立って簡単だけどお腹がふくれるものを作る。冷蔵庫でよく冷やしたビールをせっせとリビングに運ぶ。酔っ払うと家に帰るのが面倒になり、泊まっていく人もいた。風呂を用意し、空いている部屋に布団を敷き、寝かせる。朝になれば朝食を用意して、夫とともに送り出す。まるで合宿所のようだった。

それが多ければ週に五日。

大変だと思われるだろうけれど、私はむしろこの同僚や友人を歓迎していた。仲間たちから愛されている夫が好きだった。みんなと笑い合っている夫を見て、この人と結婚してよかったと心から思ったし、いつまでもこんな日々がつづきますようにとも願った。

そして、彼らがいれば夫は私を求めない。

ふたりきりになるのは、週にせいぜい二、三日。そのときだけ、セックスの心配をすればいい。

「舐めてよ。ほら、早く」

誰かを連れてくるとき、夫は決まって電話で知らせてくれた。

電話がない日、窓の外が暗くなるとともに、私の心にも薄闇が広がっていく。


夫の仕事は肉体労働といってよく、一日じゅう身体を動かしている。

仕事を終えて車を走らせ「ただいま」と帰ってくると、まずはご飯。よく食べる。

作りがいがあるし、なんでもウマいウマいと食べる彼を見ていると愛おしさがこみ上げてくる。


彼は、手料理こそ至高と考えていた。母親が作る料理が大好きだったという。とはいえ私におふくろの味を押し付けてくることはない。ただ外食をあまり好まず、家で食べればそれで満足していた。

食後は風呂で汗を流し、あとはソファにどっかと腰を下ろしてビールを飲みながらテレビを見る。

だいたいは野球中継か、バラエティ。遅い時間帯にはスポーツニュース。

冬はスウェットの上下、夏はTシャツに短パン……ボクサーパンツ一枚のときもある。だらしない格好といってしまえばそれまでだけど、私だって垢《あか》抜けない部屋着でいるのだから大差ない。そんなゆるくて気楽な生活をお互い気に入っていた。

ふたりであたたかい家庭を作り、いい人生を送る。

ともに働き、いつかは子どもを産み、育て、一緒に年をとる。

こうしたことこそが重要で、セックスはそんなに重要ではない。

問題ない、私たちは仲がいいのだから何も問題ない。

グラスを手にソファの隣に腰掛けると、夫はビール瓶をもって「ミオもおつかれさま！」といって注いでくれる。

お笑いタレントのトークか、野球の解説をBGMにしばらく他愛《たあい》のない話をする。職場でのこと、近所のこと、資格試験のための勉強の進み具合……。お互い口数が多いほうではないけれど、会話が途切れることもない。

瓶が空になれば、私がキッチンへ立ってもう一本もってくる。お互いのグラスに注ぎ合いながら、今度はテレビに見入る。とくに面白いわけでもないけれど、なんとなく画面を眺める。

そんなとき、夫がふいに口を開く。

「舐《な》めてよ」

その手が私の肩に回されることもあれば、もう自分のボクサーパンツに伸びていることもある。

「え、いま?」

「うん。ほら、早く」

テレビでセクシーな女性が出ていたとか色っぽいシーンが流れていたとか、そんなことはまずない。お笑いタレントが大口を開けて笑っていたり、スポーツニュースで今日の好プレーをふり返っていたりする。

口だけでイッてくれますように

夫のそれはすでに大きくなっている。

せっかく一日の終わりの穏やかな時間を楽しんでいたところなのに……。

私がすぐに「うん」といわないのがまどろっこしいらしく、「ほら」と性器をむき出しにする。ムードも何もない。私は長い髪を手でまとめて左の肩へと流してから、ふくれ上がった夫の性器を口にふくんだ。


「ふー、いいね〜」

風呂上がりにビールを一口飲んだときとほぼ同じ、気持ちよさそうなため息。

これは夫にとって、一日の終わりのご褒美《ほうび》。仕事をがんばった自分への労《ねぎら》いの時間。

私にとっては……何なのだろう？


私は根元に手を添えて、フェラチオに集中する。なるべく多くの唾液《だえき》を出し、のどの奥まで迎え入れ、顔を上下にすばやく動かす。

夫の視線はテレビ画面に据《す》えられ、ＣＭに入ればリモコンを手にチャンネルを変える。面白い番組が見つかるまで変えつづける。

でも意識はしっかり股間にあって、性器を往復する唇《くちびる》のスピードが遅くなったと感じたら、そっと私の後頭部に手を添える。

私は無言で、頭部の上下運動のスピードをあげる。

舌を使うことも忘れない。刺激にアクセントを加える。単調な動きでは夫はすぐに飽きる。先端だけべろべろと舐め回したり、睾丸《こうがん》に舌を這《は》わせたりと変化をつける。


フェラチオでイッてくれたら……私はかすかな望みを捨てられなかった。

だけど、蛍光灯に照らされた明るい部屋で、バラエティ番組の笑い声やスタジアムの歓声に気を取られている人が簡単にイクことはない。

そもそも夫はフェラチオ中に「射精したい」とは思っていない。くつろぎながら、ゆるい快楽を貪《むさぼ》りたいだけ。そうすることで一日の疲れを忘れる。イケばそんな時間が終わってしまう。それはもったいないと考えているらしい。

私は「明日の朝食は何を食べよう」とか「不燃ごみを忘れずに出さなきゃ」とか、そんなことを考えながら舌を使う。なんとか気を逸《そ》らさないと、不安が胸に広がるばかりだった。

どうか今夜はフェラだけで終わりますように。〝そのあと〟がありませんように。

祈りが通じたのか、「さ、そろそろ寝るか」と夫がいう。

私が頭を離すと、すぐに唾液でふやけた性器をボクサーパンツにしまった。あくびをひとつして、ありがとうとはいわず、おやすみといって階段を上がっていく。

(終わった……)

私は、ひとりで放心する。今夜の夫が射精を求めなかったことに心底ほっとした。ささくれ立った気持ちが収まるのを待って、グラスを流しに下げる。よくすすいでビールのにおいが取れたグラスを水で満たし、今度は自分の口をゆすぐ。

断る理由が見つからない

怖いのは、「上に行くぞ」といわれること。

それは、「セックスしたい」「挿《い》れたい」という意味だからだ。

リビングのソファでフェラチオしてもらうのではなく、ベッドで妻を抱きたい。それはただ射精したいという、単純な欲ではない。「オンナの身体に、射精したい」という征服欲。

出したいだけなら、私の口でイケばいい。唇《くちびる》と舌だけじゃない。私の唾液《だえき》で濡れた性器を手でふんわり包んで、それからすばやく動かしてあげる。夫にとって、それがいちばん手っ取り早くイク方法。

でも、それでは不満が残るらしい。

「イカされた感じがするから」というのがその理由。

女性によって射精に導かれる——そんな受け身の行為が好きな男性も世のなかには大勢いるようだけど、夫はちがう。

自分で自分を射精まで導きたい。それが男のあるべき姿だと思っているようだ。

「上」というのは二階にある寝室のことで、それを耳にした瞬間、私の全身に緊張が走る。早くも身体が痛みに対して身がまえる。

なんとかして断りたいけど、今夜は夫を不機嫌にせずに断る理由が見つからない。

生理が先週終わっていることは、夫も知っている。

理由がなんであれ、私が断ると夫は明らかに拗《す》ねた。それを露骨に表すのはかっこ悪いという発想はないようで、どこからどう見ても不機嫌のかたまりになるのだ。

ドスドスッとわざと大きな足音をたてて階段をのぼり、ドアをバタンッと乱暴に閉める。私に背を向けて眠り、ちょっとでも身体と身体が触れようものなら、ハーッと聞こえよがしにため息をつく。

ひと晩では、済まない。翌朝も、寝起きの不機嫌を何倍にも濃縮したような顔で寝室から出てくる。「おはよう」のひと言もない。半日、悪くすると二日ほど私とは口をきかなくなる。

いかにも「機嫌を損ねました」というふるまいのひとつひとつが、トゲのように私の心に刺さる。そのトゲはなかなか抜けないどころか、どんどん深いところをえぐっていく。

でも、そもそも若い男性ならセックスはしたいものだよね。まして結婚しているんだから、するのは当然。したくないなんていったら、夫に悪い……。

そんな考えにとらわれていた私は、下唇をぎゅっと噛《か》んで、心を決める。

今夜は、断れない。断らないほうがいい。

早く挿れて、早く終わって

「うん、すぐ行くからちょっと待ってて」

精いっぱい明るい声を出して、階段に足をかけている夫にそう告げる。

おう、と短く応えてから夫は寝室に向かい、着ているものを脱ぎ捨てる。全裸になってベッドに寝転がり、私を待つ。

機嫌が悪いときの夫は、できるだけ端《はし》っこに寝る。私と身体を接触させないように身を縮めている。

セックスできるとなった夜には、ベッドの真ん中、本当にど真ん中に寝そべっている。このベッドの主役は自分だ、といわんばかりに。

布団をかけることもなく、だから身体の中心で大きくなったものがイヤでも目に入る。官能小説なら「そそり立っている」とか「屹立《きつりつ》している」とかドラマチックに表現されるのかもしれないけど、私にとってそれは憂うつのタネでしかない。

「ミオも脱いで」

私はゆっくりと時間をかけて服を脱ぎ、下着を脱ぐ。

焦《じ》らしたいなんて思っていない。ささやかな抵抗。つらい時間をちょっとでも先に延ばしたい。外気に触れた肌がさっと泡立った。

ベッドの右側、かろうじて空いている狭い隙間に横たわる。

間髪をいれずに夫が私の胸に手を伸ばしてきた。厚みのないバストをいきなり乱暴に揉《も》まれ、鳥肌が立った。

夫はそこで指をごそごそと動かす。たぶん乳房を愛撫しているつもり。私は薄く目を閉じ、どうか乳首は触わらないでと思う。願いもむなしく、夫は私の突起物をぎゅっとつまみ、引っ張る。私はモノじゃない。デリカシーのない触り方に、思わず手を払いのけたくなる。

時間にすると一分にも満たない胸への愛撫。早々に終えてくれてありがとうとは思わない。夫の手はすぐに私の下半身に向かう。ここまでの不快感は、序の口でしかないことを私は知っていた。

胸と、性器。よく知られている女性の性感帯。

その二カ所さえ触ればオンナは気持ちよくなると夫は思っている。

ねえ、ちゃんと私のことを見て。

私いま、気持ちよさそうな顔してる?

たしかに乳首はふくらみ、固くなっている。

でもそれは気持ちいいからじゃない。ただ触られたから反応しているだけ。

夫は、というより男性のあいだでは「乳首が立つ＝気持ちいい」という迷信がまかり通っている。だから、彼はいまも私が感じていると信じて疑わない。

性器をいじっているときも、そう。クリトリスを指でぐりぐりと押しつぶし、私が濡れると「気持ちいい?」と訊《き》いてくる。

ここで「いいえ、不快です。痛いからもう触らないで」って正直にいえたらどんなに楽だろう。

以前、この「気持ちいい？」は妻を想っての言葉だと思っていた。

だから私は希望を伝えた。

「もっと、そおっと。ゆっくり触って」

だけど、夫がそのとおりにしてくれたことは一度もない。それはそうだ、と私はあとになって気づいた。「気持ちいい？」というのはAVの真似でしかなく、自分でいった言葉に夫はひとりで興奮しているから、私のセリフなんて聞いてはいない。

もともと相手の反応を見るのが苦手な人だけど、それ以前に、セックスで女性が感じないとは思っていないのだ。

だから私がどう感じているかなんて、ほんとはいっさい気にしていない。

「早く挿《い》れて」

私もAVのセリフで応じる。こんな前戯、早く終わってほしくて。

でも前戯が短いのもAVのお約束だから、夫は気にも留《と》めない。

むしろ「そんなに俺が欲しいのか」と張り切りはじめる。

私の身体、どこかがおかしいの？

夫とつながったときの痛みは、結婚後、さらに深刻になった。

途切れることなく体液が分泌されていても、私自身は完全に閉じている。そこへ夫が強引に入ってくる。メリメリッという音こそ聞こえないものの、身体の一部を引き裂かれている気分。

眉間《みけん》に意識を集中し、「痛い」と声が出そうになるのをなんとかこらえる。

夫は、その狭さを気に入っている。「締まるよ、ミオ！」と声を出して悦《よろこ》ぶときすらある。妻のことなどどうでもよくなって、自分のファンタジーに没入していく。

夫にとってのセックスとは、相手が気持ちいいと思っていようがいまいが関係なく、自分だけが快感に浸《ひた》る時間のこと。

ここにいるのが私でも私でなくても、同じことをするだろう。

身体のいちばん奥に、夫の先端が触れた。

その手応えを得てから、夫は腰を動かす。

引いては打ちつけ、引いては打ちつけ。

（うっ……!!）

子宮の入口という、女性の肉体のなかでももっとも繊細と思われる部分が、そのたびにダメージを受ける。まるで何度も何度も拳《こぶし》で殴られているかのよう。

私の腰骨はぎしぎしと痛み、それが脳にまで届く。

（もうムリ。早く終わって……）

私にとってのセックスとは、ひたすら祈りつづける時間のこと。

痛い、早く、痛い、終わって、痛い、痛い、痛いよ……。

出口を見失った言葉たちが、脳内を何周も何周もかけめぐる。

夫に気づいてほしいという想いも、もちろんあった。けれども、彼はきっとわからない。両目をぎゅっと固く閉じた表情を見て、私がエクスタシーのただ中にいると判断している。

ましてや私は、か細くあえいでもいる。ときおり、ため息も混ざる。

感じていない自分を知られるのが怖かった。だから、声をあげた。声をあげて感じている演技をした。その演技に、自分自身もだまされてしまえばいいと思った。

私たちはセックスをしている。AVを観ても同じようなことをしているから、それは間違いない。なのに私はまったく気持ちよくない。

私の身体、どこかがおかしいのかな?

私は夫の性欲処理係

刺激に飽きたのか、夫はいったん性器を抜き、私を四つん這《ば》いにさせる。

「びしょびしょに濡れてるなぁ」

そういわれる自分の身体が、つくづく恨めしい。痛くても体液を分泌してしまう体質というだけなのに。夫にそういっても、まず信じないだろう。

学生時代に参加したゼミの飲み会で、酔ったクラスメイトの女子が「アタシはバックで突かれるのが好きでーす！」と叫んでいた。

沸き立つ一部の男子学生は別として、場に冷たい空気が漂った。

私もそちら側にいたけれど、いまとなっては彼女に尋《たず》ねてみたい。


どうしたら後背位《バック》で気持ちよくなれるの？

私には棍棒《こんぼう》をぐりぐりと押し付けられているような感覚しかないんだけど。

これがイイっていうあなたと私、何がちがうの？


今夜の夫は、この体位で射精するつもりらしい。正常位と比べてより楽に、激しく腰を動かせる。そして、征服欲も満たされる。

夫はバックで交わりながらイクのが好きだった。

両手で私のおしりを乱暴につかみ、ぜんまい仕掛けの機械のように動く夫。

頭上から聞こえる吐息が短く、荒いものになっていく。

短いうめき声とともに、夫が果てる。


夫のものが引き抜かれても、すぐに痛みは消えない。

ずっしりと鈍くて重いしびれを感じながら、私はトイレに立つ。

まだ何かはさまっているようで、ぎこちなくしか歩けない。

便座に座り夫が放ったものが流れ出るのを待っている。意識がまだ、奥に残る痛みにとらわれている。

私がしたのはセックスで、相手は夫だ。

学生時代に恋に落ち、結婚してからはますます愛情が深まった夫。

なのに受け入れられない。痛みしかない。

夫はとっくにいびきをかいて寝ているだろう。

彼が射精してから眠りに落ちるまでの時間は、驚くほど短い。


もう全部出たかと思っていたら、さらに奥からどろりとしたものが流れ落ちて、小さな水音を立てた。もしかしたら、まだ残っているかもしれない。

それが体内にあるかぎり、私は自分を穢《けが》れたもののように感じてしまう。

性欲処理係——そんな言葉が浮かんだ。考えれば考えるほどみじめになって眠れなくなりそうなので、あわてて頭からかき消した。

COLUMN 1

「産婦人科医」宋美玄が見る

セックスの悩み

「セックスが痛い、つらい」と訴える女性たち

宋美玄《そんみひょん》先生

産婦人科医、丸の内の森レディースクリニック医院長。1976年生まれ。2010年に発売した『女医が教える本当に気持ちいいセックス』（ブックマン社）がシリーズ累計70万部突破の大ヒット。妊娠出産からセックスまで、女性の心身の悩みについて積極的に啓蒙活動を行う。

セックスは最高に幸せな行為！　めくるめく快感が待っている！　そう思い描いている女性は少なくないでしょう。雑誌やウエブメディアで描かれるセックスも、ほとんどがすばらしい体験であることが前提となっています。また、AVなどのポルノ作品を視聴して、歓喜の声をあげている女優さんの姿を前に「セックスってこういうものなの!?」と目を丸くした経験がある女性もいると思います。

私のクリニックへセックスの相談に来るのは、そんな性体験から遠いところにいる

女性たちです。「痛いんです」「違和感しかなくて、気持ちよくない」「まったくする気が起きない」と口々にセックスのつらさを訴えます。楽しくて気持ちよくて幸せなもののはずなのに、どうして？　という悔しさをその姿から感じることもあります。

そんなに痛いのなら、しなければいい――といってしまうのは簡単ですし、したくない人に強要するのは夫婦間でもあってはならないことです。しかし話はそう単純でなく、子どもが欲しい、または相手とのパートナーシップを維持したいなどの理由から、「痛い」けど「する」を選択する女性が現実には多いのです。

苦痛は人の心身を蝕《むしば》みます。勇気を出してクリニックに来てくれる女性もいますが、誰にも相談できずひとり耐えている女性も数えきれないほどいるはずです。

そんな女性たちに私はまず、痛いのは決してあなたが悪いわけでもあなたの身体がおかしいからでもない、と伝えます。性的欲求の強さも、人それぞれ。したいと思わないからといって、あなたが間違っているということはないのです。

そのうえで、その人が「今後もセックスする、したい」と希望するのなら、一緒に苦痛を取り除く原因を探ります。

一方、これまで喜びを感じたことがないけれど、一度でいいから思いっきり快感を味わってみたいというポジティブな動機から受診する女性もいます。医学的に見れば、すべての女性が性的快感を得る可能性をもっています。気持ちいいセックスをあきらめなくていいのです。

第2章

試練

セックスさえなければいい夫

痛いセックスの原因を見つけたい

「診察室へどうぞ」

と、うながされ、私は手にしていたハンカチを握りしめた。

産婦人科という場所は、何度来ても緊張する。大事なことだとわかっていても、性器に器具を入れられてぐるぐるとかき回されることへの抵抗感が消えない。

とくにこの日は、口にしにくいことを相談しにきていた。

こんなことをお医者さんに訊《き》いて、怒られはしないかな。まったく見当ちがいの患者が来たと呆《あき》れられるかも。

そう考えると、いますぐ病院を飛び出し、家に逃げ帰りたくなった。
でもここしか相談するところを思いつかなかった。

セックスのたびにこんなに痛いだなんて、身体のどこかが悪いのではないか。挿入されると、翌朝になってもにぶい痛みが残っていることがある。私はよくお腹が張る体質で、そんなとき手のひらで下腹部を押すと痛みがある。セックスのあとの痛みはそれと似ていた。

だから最初は内科を訪れて腸を調べてもらった。セックスがつらいとはいえず、腸が痛むと訴えて検査を受けた。健康そのものだと太鼓判《たいこばん》を押されてしまった。

子宮や卵巣の病気で挿入のときに痛みが出ると聞いたことがある。ひどくなると患部が腸にまで広がることがあるらしい。子宮の位置や形によって痛みが生じる可能性があることも、何かで読んで知った。

それで、心を決めて産婦人科にやってきた。

病気であってほしかった。原因を見つけたかった。治して、痛みを感じることなくセックスできるようになれるのだとしたら、こんなにうれしいことはない。

診察室に迎え入れてくれたのは年配の男性医師だった。

「セックスすると痛いんです」

遠回しないい方をしたりボヤかしたりせず、はっきり伝えようと決めていた。

医師は表情ひとつ変えず、淡々《たんたん》と問診をつづけた。

人にこのことを打ち明けたのは初めてで、私の心臓は音を立てて鳴っていた。

診察台に乗っての検査では、例の器具を入れられる。

「痛い！」

夫の性器が入ってきたときの痛みが再現される。


「子宮筋腫《きんしゅ》があるようですね」

医師が低い声でいう。

「ほんとですか？　すぐに治療したいです！　手術ですか？」

と訊《き》く私に、医師はその前に精密検査をすると説明してくれた。

私はそれをなかば上の空で聞いていた。筋腫があるから痛かったんだ。

私にもようやく、夫とセックスの快感を分かち合える日が来るかもしれない。

風俗に行ってくれていいのに

しかし後日受けた精密検査の結果は、はっきりした筋腫《きんしゅ》は見つからず、いまのところ治療の必要はない、というものだった。

「夫婦生活もちゃんとできますよ」とまでいわれてしまった。

病気の心配はないとわかったのに、私は気落ちして診察台から立てなかった。

あきらめきれず医師に食い下がった。

「病気じゃないのにどうしてセックスすると痛いんですか?」

医師は、私のレントゲン写真を見直した。

「う〜ん、子宮後屈《こうくつ》ぎみだから、それが原因という可能性はありますね」

「子宮後屈だと痛いんですか？　治す方法は？　手術できます？」

「原因かも、というだけで、治療するほどではないですよ。ましてや手術は必要ありません。旦那さんと、痛くない体位を工夫してみてください」

「工夫って……」

こうすると痛い、こうすれば痛くない。そうやって実験するときにも、痛いのは私だけ。要はどうにもできないってこと？　涙が出てきた。

医師はそんな私を見て、

「そこまでつらいのなら、性生活自体を少し控えてもらったら、どう？」

とアドバイスしてくれたけど、それができる相手ならとっくにそうしている。

迷路の中で「出口がない」ということだけを教えてもらったようなものだった。

私が病院に行ったことも、そこで感じた絶望も、夫は知らない。

そんな夫に今夜もセックスを強《し》いられる。いつしか私は夫からの求めを、「強いられている」と感じるようになっていた。

殴られたり罵《ののし》られたりすることはないけど、「セックスさせないと不機嫌になるぞ」

という暗黙の脅《おど》しがある。それが怖くて私は拒みきれない。

そこに「させてくれないんだったら、風俗に行くぞ」というさらなる脅しも加わるようになった。

夫は根っからの体育会系で、飲み仲間にもそういうタイプが多い。彼らは連れ立ってキャバクラで飲み、そのあとで風俗店に行く。

そうはいっても誠実で不器用な夫に、実際に風俗店に行ったり、外に恋人を作ったりはできるはずがない。でも根が単純で周りの影響を受けやすいところもあり、男なら行くのが当然と刷《す》り込まれはじめていた。

そんな遊びへの淡い憧れもあるらしく、私に「俺だっていざとなったら行けないわけじゃないんだぞ」といい出すようになった。

それを聞いて私は、嘘いつわりなく思った。

(行ってくれてもいいのに)

その女性に訊《き》いてみたかった。うちの夫とセックスして痛くありませんでしたか？

本当に気持ちよかったですか？　最後までイケましたか？

もしその女性も苦痛を感じたのなら、私がおかしいわけじゃないとわかる。

そのうえでプロの女性たちに、夫のセックスを正してほしい。

「奥さんにこうしてごらんなさい」と手取り足取り教えてくれるのなら、私から彼女たちにお金を払ってもいい。


若かった私は、風俗店のサービスが、女性が大げさに悦《よろこ》んでみせることで、男性に「俺がオンナを悦ばせた」という満足感を与えるものだとは知らなかった。そんなお店の女性が客のプライドを損ねるようなことなどいうわけがない。

これは完全な誤解だったけど、このころの私は何かにすがりたい気持ちでいっぱいだった。


誰かに、私たち夫婦のセックスを変えてほしかった。

コンドームは着けたくない

結婚して一年半、私はまだ子どもをもつ自信がなかった。めざしていた資格試験があったし、仕事もしたい。なんのキャリアも築けていない自分が不安だった。

だからセックスのときは、必要に応じてコンドームで避妊をしていた。

でも私にとってコンドームは、セックスの苦痛を増幅させるものでもあった。コンドームを着けると、摩擦で痛さが何倍にもなる。夫も性器の感覚が鈍《にぶ》くなるらしくピストン運動がいつも以上に激しくなり、無神経に奥まで突かれるたびに、下腹部に痛みが走った。

私が痛みを訴えると、夫もしばらくは深く突かないよう注意するけれど、気分が高まると元に戻る。一度、ピストン運動が激しくなるたびに私が痛みを訴えつづけたら、

「じゃあ、なんにもできないじゃないかよ！」

と吐き捨てるようにいい背を向けて寝てしまった。

そこで、コンドームなしでも妊娠しない日を狙ってセックスに応えるようにした。生理周期をきちんと記録し、危ないと思われる夜は「疲れている」「熱っぽい」と適当な嘘をついた。自分にできることは、それぐらいしかなかった。


セックスする日が減ると、夫の機嫌が悪い日が増えた。そして私をこう責めた。

「こんなにセックスしないんじゃ、子どもができないじゃないか」

「子どもがいなかったら俺の人生、失敗に終わる」

彼は家族を求めていた。自分が父となり、私が母となり、子どもがいて完成する家族。私だって子どもがまったく欲しくないわけではなかった。それに、セックスを拒む理由を「子どもが欲しくないから」にされたくもなかった。

私は、子どもを望む夫と、セックスがつらい自分とのあいだで引き裂かれていた。

この子がお腹にいるかぎり

結婚五年目で、赤ちゃんを授かった。

妊娠中は、夫もセックスを無理強《じ》いしなかった。したがる夜には「何かあったら取り返しがつかないから」「この子がびっくりしちゃうでしょ」といえばそれ以上ごねることもなかった。

子どもが第一。この人はいい父親になるだろうと確信できた。

セックスで身体に痛みを感じなくて済む日がつづくと、私の心は凪《な》いだ。

妊娠って、ありがたい。こんな日がこの先もずっとつづいてくれますように。

この子がお腹にいるかぎり、私はセックスを強いられない。

私と夫は、二十七歳で親になった。

娘の優花《ゆうか》をはじめて胸に抱いたとき、愛おしいこの子を授けてくれた夫に心から感謝した。子はかすがい。そんな古い言葉が浮かんでくる。

この人と生涯、家族でいたい。

これは、赤ちゃんにおっぱいを与えながら夫の顔をぼんやり眺めていたときに、自然にあふれ出てきた感情。

家族としての愛情が、また一段と深まった。


予想どおり、夫は傍《はた》から見てもわかる子煩悩《こぼんのう》な父親になった。

執着の対象は私から、生まれたばかりの優花に移った。私にはそれが心地よかった。

男三人兄弟で育った彼は、小さな女の子を砂糖菓子のように大事に大事に扱った。

娘が泣くと、どこか痛いのではないかと心配した。

セックスでもそんなふうに接してしてくれたら、私はこんなに苦しまないのに。

もちろん夫には、そんなことをひと言もいわない。

セックスのことは日常から消してしまいたかった。

夫は仕事にもいっそう精が出るようだった。

「優花が小学校に上がるころには、俺も自分の会社をもたないとな」

と夢物語も少しは現実味を帯びてきた。その姿には、父親らしい頼もしさがあった。

家族の幸せが何より大事だと顔に書いてあった。

手放したくないと思う幸せがここにあった。

だけど、私はすっかり忘れていた。

お腹のなかにもう赤ちゃんがいないということは、セックスを断る理由がなくなったということ。

「こんなにかわいいんだもんな、年子でもいいんじゃないの?」

優花を高い高いしながら夫がいったとき、子宮がぎゅっと萎縮《いしゅく》したように感じた。

またあの日々がはじまる……。

育児疲れの妻、欲求不満の夫

輪をかけて仕事熱心になった夫は、毎日朝早くから夜遅くまで働き、そして毎晩私を求めるようになった。

夕飯を済ませて風呂に入り、テレビを見ながら私の身体に手を伸ばしてくる。

夫にとって性器への労《ねぎら》いは、自分自身への労い。仕事がハードになればなるほどそれを求めた。

「私、ぜんぜん寝てないの」

「優花におっぱいをあげなきゃいけない時間だから」

といった言葉に嘘はない。

寝る、おっぱいを飲む、何かを求めて泣く、赤ちゃんは、これしかできない。二十四時間体制で育てている私は、三時間以上つづけて眠れない日々を送っていた。けれど本音のところでは、理屈抜きでとにかくセックスをしたくなかった。それどころか、夫に触られるたびに鳥肌が立った。

このときはまだ「産後クライシス」という言葉がなかったけど、そのころの私たちにぴたりと当てはまる。

子どもを生んだ直後の、急激なホルモンバランスの変化。感情の起伏が激しくなって、突然ものすごい孤独感に襲われる。かと思えば、わけもなく攻撃的な気分にもなる。身も心もアップダウンをくり返す毎日だった。

攻撃的な気分になるとき、その対象は夫だった。

ひとり娘を猫かわいがりしても、それは機嫌がいいときにあやしているだけ。自分が気が向いたときに、お風呂に入れるだけ。むずかれば「泣いてるよ！」といってくるだけ。自分はオムツすら替えたことがない。

私は、ほとんどの男性がそんなものだと自分を納得させようとした。それを何度も試みた。だけど理屈ではないところで心がかき乱され、迫ってくる夫を突き飛ばしたいという衝動に駆られた。

娘が生まれた直後に抱いた多幸感は、どこかにいってしまった。

私たちのために一生懸命働いてくれている夫を、邪険《じゃけん》にはできない。できるだけやんわりと誘いを拒むよう努めたけれど、断られたときの夫の態度は以前より悪くなっていた。

「ったく!」

舌打ちとともに、夫は私に背を向ける。足音も荒く二階に向かう。しばらくして様子を見にいくと、深い眠りについていた。吐き出す息がアルコール臭くて私は思わず自分の口元を押さえる。

そのときの感情をひと言で表すなら、憎悪《ぞうお》だった。

私は細切れにしか眠れないのに、自分だけは熟睡。おまけに気分次第で迫ってくる。都合のいいときだけ父親を気取る図々しさも、自分の欲望のまま妻に手を伸ばし、断られたらふてくされる幼稚さも、はじめての育児でへとへとになっている妻を残してひとり眠る無神経さも、すべてが憎い。

（明日、交通事故に遭《あ》ってくれないかな）


思わずそう口にしそうになっていた。自分で自分が怖くなる。

もしそうなったら、私の残りの一生、献身的に介護する。

もう一生セックスしなくていいなら、なんだってできる。

家族のためにがんばっている夫をこんなふうに思うなんて、やっぱり私が異常なの？

子育てに協力的でないのは仕方ないとして、せめてセックスをあきらめてくれれば。

そうすれば、私もいい妻でいられる。


ううん、本当はいまでも夫のことをいちばん大切に思っている。

私が買い物に行けずでき合いのもので間に合わせた料理でもおいしそうに食べてくれる顔を見ると、なんだかんだいっても夫のことを好きなんだと実感する。

考えてみれば、私が憎んでいるのは、夫の下半身だけ。セックスを求められなければ、ほかのこともきっと許せる。

月に二回、年間二十四回の我慢

このころ私が家族以外で顔を合わせる人といえば、ママ友たちだけだった。

子ども同士を一緒に遊ばせたり情報交換をしたり、自然とつき合いがはじまる。

みんな年が近く、家庭の事情も似たり寄ったりだ。

そんな気安さから、ときに夜の話も躊躇《ちゅうちょ》なく飛び出す。

「ウチのがさー、ほぼ毎晩したがるのよ。こっちは夜泣きやミルクの世話で寝てないってのに」

ひとりのママがあけすけに話し出す。

「ウチも似たようなもんよ。ふたり目ができたらどうすんの、っていっても、平気平気って。誰が育てるのか考えてないよね、あれ」

「ほんとよねー。でも、断って拗《す》ねられるのもまためんどくさい……」

うんうん、と適当に相づちを打つ。

「でもまあ、欲求不満になって八つ当たりされてもこっちが困るしね」

「毎回ってわけにはいかないけど、週に一回は我慢しておくかな。挿《い》れてしまったら五分もかからないから、それで機嫌が取れるならつき合っておかなきゃ」

「うちのはもっと短いかな」

笑い声が起きる。私も合わせて笑ってみせる。

小さな子を人によっては二児、三児と育てている。日々ハードモード。自分の時間がない、おしゃれもできない、最後に自分のペースで食事したのっていつだっけ。そんな毎日のなかで、夫から欲望だけを押し付けられる。こちらの気持ちも都合もおかまいなしに「したい」といわれる。本人は愛情のつもりなのかもしれないけど、愛しているなら寝かせてよ。拒んだときに不機嫌にならないでよ……。

そういったところで余計に面倒になるだけだから、「ちょっとの我慢」と思って夫に抱かれる。

「ほんとに。小さな子どもの世話で大変なのに、大きな子どもの世話までしなきゃいけないってたまんないよね」

「週一は私、ムリ〜。月に二回が限界！　年間二十四回の我慢って思ってる」

「私なんてそのあいだ、半分寝てるしね！」

「そうそう、睡眠とらなきゃ〜」


だんだんと笑えなくなってきた。

（みんな夫とのセックスは面倒だけど、そんなに深刻に悩んでいるわけでもないのか。セックスしながら寝れるってどういうこと……）

妊娠する前、私も「週に一、二度の我慢」と自分にいい聞かせて夫に身体を開いていた。その時間、私はずっと絶望に浸《ひた》っていた。


そうか！　やっと気づいた。ママ友たちは痛くないんだ。つらくもないんだ。

すでに話題は夜の生活から、子連れでディズニーランドに出かけるときのアレコレへと移っていたけれど、私はひとり取り残されたまま考えていた。

にぎやかなおしゃべり、小さな子のむずかる声、大きな子が母親に甘える声が、すべて遠くなっていく。私だけ、ちがう。

月二回、年間二十四回。痛くないのなら私にもできると思う。でも身体の奥に痛みのかたまりのようなものが残っていて、セックスのことを考えるだけでそれが疼《うず》く。(それはムリ!) と心が凍《こお》る。

「お願い、もうイッて」

といってみたこともある。痛みがもう限界だった。

なのに夫の耳にはまったく別の意味として届く。気持ちよすぎておかしくなりそうだから、お願い、一緒にイッてほしいの……と。なんでそんなにおめでたいのだろう。

ママ友のなかには「うちのダンナ、早くて」とぼやく人がいる。

うらやましくてしょうがない。

もし夫が早い人だったら、私が拒む夜はきっと少なくなる。

五分ならまだ我慢できそう。三分ならもっといい。

挿《い》れた瞬間に発射するような夫だったら、私たちはきっと仲のいい夫婦でいられた。

セックスさえなければ、完璧な夫

父が倒れた、と連絡を受けたのは、娘のために離乳食を用意しているときだった。取るものも取りあえず病院に駆けつけたところ、案内された病室で母と弟、妹が呆《ぼう》然《ぜん》と突っ立っていた。二十分ほど前に、息を引き取ったのだという。

嘘でしょ、お父さんまだ五十代よ。先週優花と実家に帰ったとき、すごく元気だったじゃない。

そこにいる誰もが同じ気持ちで、とうてい受け入れることはできなかった。

突然すぎる死。この先、いったいどうすれば……。

悲しむより先に、これまで父が支えてきた家族というものを今後維持していけるのか不安になった。専業主婦の母、まだ未成年の弟と妹。長子である私がなんとかするべきなんだけど、優花はまだ手がかかるし、私にはいま職がない。

これから起きるであろうことを考えると、悲しみが引っ込んでしまう。おそらく私が働きに出て実家にお金を入れることになるけど、優花をあずける先が見つかるかどうか……。

不安を心の奥底に押し込めて、通夜、葬儀、初七日《しょなのか》に追われる私たちを見て、夫が「引っ越そう、お義母《かあ》さんの家の近くに」といい出した。

本当は実家でみんな一緒に生活できれば安心だけど、それには手狭《てぜま》すぎる。弟妹の受験もあるのに、優花が夜泣きしてしまっては気の毒だ。

だったら、いわゆる「味噌汁が冷めない距離」に引っ越せば、ミオはお義母さんに優花をあずけて仕事に出られるだろ。

そんなことをさらりという夫に、私は惚れ直した。

何もかも私たちにとって都合よく事が運びそうだからではなく、彼がつくづく善良な人間だと思ったから。なかなかできる提案ではないと思う。

「いいの？　あなたのお仕事は……」

「俺は車があるから。通勤時間が一時間増えるぐらいどうってことないよ。いまより稼いで、ミオの家に俺からもお金入れられるようにするし」

私を安心させるため、笑顔まで見せてくれた。

家族という単位をとても大切にしている彼らしい。

「ミオも家族のみんなも、それでうまくいくだろ」

このひと言で、私たちの引っ越しが決まった。私が働きに出ることも決まった。

母は夫の手を取り、涙を流した。弟や妹たちの顔から、不安が消えた。大学進学をなかばあきらめていたのかもしれない。誰もが夫に感謝していた。


結婚したのがこの人でよかった。

いつか夫が困ったときには、私が手を差し伸べたい。そうやって支え合いながら、この先も家族としてやっていきたい。

夫は、セックスさえしなければ、本当にいい夫だった。

生まれてはじめて手にしたピル

仕事をはじめて三カ月後、私は産婦人科の待合室にいた。

名前を呼ばれ、診察室に入る。

娘を産んだのとは、あえてちがう病院を選んだ。

「どうされました?」

私より少し年が上くらいの女医さんだった。

私は背筋を伸ばし、なるべくハキハキした声で伝えた。

「ピルをもらいにきました」

先日、夫がこういい出したときは耳を疑った。

「やっぱふたりめは男がいいよなぁ」

私はやっと職を得たばかり。仕事と育児の両立は思った以上にたいへんだった。夫はそれに気づいていない。

この人はただ子どもが欲しいだけで、決して子どもを育てたいわけではない。

そんな無責任な人間の子どもを産む気にはなれなかった。仕事をしながらのワンオペ育児なら、私には子どもひとりが限界だ。


夫にあらためてコンドームを使ってほしいと頼んだ夜、彼は露骨に機嫌を損ねた。コンドーム付きのセックスは私にも耐えがたい。膣《ちつ》のなかをおろし金でこすられているかのような痛みは、二度と味わいたくない。

避妊できない、でもふたりめは無理。


産婦人科で私は、生まれてはじめてピルを手にした。名刺ほどの大きさのシートに錠剤が整然と並んでいる。

ピルを飲んでいることを夫にいうつもりはない。

オンナは三十路から熟していく

三十歳を目前にした私には、ある期待があった。

オンナは三十路《みそじ》から――何で読んだかは忘れたけれど、私の頭には「三十歳を迎えるころから女性は性的に開花する」という情報がインプットされていた。

私は夫に抱かれるたびに、

「三十歳までの我慢」

「私もきっと熟して感じる身体になる」

と脳内で呪文を唱えていた。

夫は相変わらず、セックスさえなければいい夫だった。

娘もよくなついていた。家族で外出中、娘を軽々と肩車する。髪を引っ張られても上機嫌。そんな父娘の姿を見ながら、私はこんな日々がいつまでもつづいてくれますようにと祈る。

きっと私はいま、幸福なのだ。妻として母として満たされている。

ただ、女として不完全なだけ。愛する夫に抱かれても悦《よろこ》べない、抱かれたくない。私が性的に未成熟だからなのかもしれない。三十歳を過ぎて身体が熟せば、雑誌やAVで見た女性たちのように悦びの声をあげられるようになるのかな。


AVは、夫が隠していたものをこっそり観た。隠す、といっても娘の目に入らないところに置いておくぐらいで、私に対しての気遣いはない。

ときどき新しい作品が加わっても、内容はワンパターンだった。幼さの残る女の子が乱暴に押し倒され、最初はイヤがっているような素振りを見せるけど、男性を受け入れたあとはアンアンと大きな声であえぎ、絶頂を迎える。

（こういうのが好きなんだ……）

アホらしい。でも、同時にこの女性たちが強烈にうらやましくもあった。私もこんなふうに感じられたらいいのに。

快感に全身をくねらせ我を忘れてしがみついてくるオンナ。

それがオトコたちの理想ってことだよね。

AVだけじゃない。美容院で読む女性誌にも、ときどき赤裸々な体験記が載っている。自分から男を求め、快感を貪《むさぼ》り、オーガズムへと昇りつめる女性たち……。

自分と同じ性に生まれた人間だとは信じられなかった。

世の中にはセックスが好きという女性がこんなにいる。

何かを乗り越えることでそうなれるなら、私はそのための努力は惜しまない。

気持ちいい、楽しい、イヤな日常を忘れさせてくれる……たくさんの女性がそんなふうに表現する体験を、私も一度でいいからしてみたい。セックスを好きになりたい。

いまは無理でも、三十歳になったら。

けれど私の身体は、三十路を何年か過ぎても快感とは無縁のままだった。

私は女の悦びを知ることをあきらめた。

「借金、一緒に返していこう」

娘が保育園の年中クラスに上がったころから、夫は外で飲み歩くようになった。人づき合いがよく友だちが多いので、飲み仲間には事欠かなかった。酔って遅くに帰ってくると、お風呂にも入らず眠ってしまう。

「舐《な》めて」という夜も、私が手や口でこすっているあいだに寝落ちする。「遅くなる」と連絡があれば、私は穏やかな気持ちで夜を過ごせた。週末には決まってセックスを求められるから、心にずっと鉛《なまり》の重りが乗っているのは変わらなかったけど。

あれが私たち夫婦の分岐点だった――そう思う夜がある。

それまでは、なんとか夫婦という形を保っていた。夫への感謝もあったし、彼の悪いところは見て見ぬふりをしてやってきた。その均衡《きんこう》が、ここにきて崩れはじめた。


土曜日、夜遅くの食卓。優花はもう眠ってしまっている。

夫から「話がある」といわれ、私たちはひさしぶりに向き合った。

「実は俺、友だちの連帯保証人になっててさ」

夫が恐るおそる切り出す。その友だちが失踪し、四百万円の借金をかぶることになったのだという。

「…………」

金額の大きさに、のどから言葉が絞り出されるまでしばらく時間がかかった。

「友だちって誰？　私も知ってる人？」

「いや、ミオは知らない。一年くらい前かな、飲み屋で出会って……」

「飲み屋ってどこ？　どんなお店？」

「まあ、女の人がいて話しながら飲むお店というか。そこで先輩に紹介されて」

深く長いため息が私の口から漏れる。そんなことだろうと思っていた。

たいして知りもしない人の借金を肩代わりすることになる夫は、あまり賢いとはいえないけど、よくいえば「人がよい」。それは彼の美点だし、いまにはじまったことではない。

「わかった。借金、一緒に返していこう。私も仕事増やすから」

結婚するときに私たちは「健やかなるときも病めるときも」と誓った。どんなときも助け合う、それが夫婦。私はおざなりではなく、真剣に誓っていた。

ひとつの文句も条件も口にせず、すべてを受け入れる妻に見えるよう私はふるまった。夫はあからさまに安堵《あんど》していた。私が怒鳴り散らすと思っていたのだろうか、それとも言葉を尽くして詰《なじ》られると。

そんなことはしない。私には下心があった。

セックスをしょっちゅう拒む代わりに、ここで点数を稼いでおこう。

二度とこんなことはしない、キャバクラにはもう行かない、毎日仕事からまっすぐ帰ってきて家族の時間を大事にする……夫は鼻の頭に汗を浮かべていろんなことを約束したけれど、私はもう聞いていなかった。

「産婦人科医」宋美玄が見る
セックスの悩み

COLUMN
2

性交痛は「我慢すればいい」ものではありません

膣にペニスなどを挿入されると痛みが出る状態を「性交痛《せいこうつう》」といいます。その原因は、①女性の身体、②相手の触れ方など、③お互いの関係性やメンタル面にある場合が考えられます。ここでは女性の身体に原因がある場合についてお話しします。

代表的なものとして、子宮内膜症があげられます。受精卵を受け止めるベッドとなる「子宮内膜」は子宮に作られ、妊娠しなければ毎月の生理として体外に排出されます。困ったことにこの内膜、子宮以外のところ、たとえばお腹や卵巣にできることがあるのです。すると臓器同士をくっつける癒着《ゆちゃく》が起き、男性のペニスがその部分を圧迫すると女性は痛いと感じます。こうした病気が隠れているかもしれないので、性交痛を「我慢すればいい」と放置してほしくはありません。

ほかにも、膣が炎症を起こしていたり、婦人科系の病気で手術をしてその痕《あと》があったり、子宮後屈《こうくつ》だったりといった原因があげられます。治療によって痛みが解消されるものもありますが、すぐに治療することが適当ではないもの、治療ではどうにもできないものもあります。

そうしたケースでは、体位についてできるだけ具体的に指南します。たとえば子宮後屈であれば、正常位や騎乗位だとペニスが子宮口を直撃します。女性がうつ伏せに寝そべって、その上から男性が挿入する、通称〝寝《ね》バック〟の体位であれば直撃を避けられますし、男性もある程度は腰を自由に動かせます。

また、セックスのたびに膣口が切れて痛い思いをしている女性もいます。パートナーとのサイズの関係からそうなってしまうこともありますが、皮膚の伸びやすさは個人差が大きく、挿入のたびに小さな裂傷ができてしまう人もいるのです。これに対しては、挿入前に膣口周辺にバーム（軟膏《なんこう》）を塗ったり、粘度の高い潤滑剤を使ったりという対処法があります。

性交痛は、女性ひとりで解消するものではありません。カップルで取り組むもの。その認識を男性にもしっかりもってもらいたいと思います。

第3章

限界

悲鳴をあげはじめた
心と身体

「おまえ、トドみたいだな」

私は、仕事を増やした。

実家の母を頼って優花をあずけ、昼も夜も働くことにした。

土日も仕事を入れることがあったので、とにかく体力的にキツかった。

私の身体はひとつしかないし、一日は二十四時間と決まっていた。

それでも、少しでも親子の時間を作ろうと努力した。

娘のことは愛おしい。疲れきってヘトヘトの夜、彼女の寝顔を見るとどんなにつらいことでも我慢できる覚悟が湧《わ》いてくる。

一方で、夫への愛情は少しずつすり減っていった。

私が玄関のドアを開けた瞬間、

「ほらママが帰ってきたぞー、さぁバトンタッチだ」

と娘を押し付け、さっさと眠ろうとする人への愛情は目減りしていく。

そんな人に身体を求められても、答えは決まっている。

フェラチオをせがんできたら「わかるでしょ、疲れてるの」。

セックスを求められたら「頼むから、寝かせて」。

私はこれまでにないほどはっきりと拒むようになった。夫も自分の借金問題に原因があることはよくわかっているので、それ以上強引には迫ろうとしない。

引け目を感じているのか、八つ当たりもあまりしてこない。

仕事の疲れに加えてセックスの苦痛まで背負う気は、私にはもうなかった。

誘われても、断る。安心してベッドに入れるって、なんて幸せなんだろう。

ある週末、つかの間の休息が取れたというのに、なんだかひどく気だるかった。

疲れが溜まっていて何もする気になれず、リビングのソファで横になっていた。

娘は、夫と買い物に出かけた。おもちゃを買ってもらうつもりらしい。母親業から解放された時間、やりたいことはいっぱいあったけど、身体がどうしても動かない。

鍵と鍵が触れ合うジャラジャラという音がした。ふたりが買い物から帰ってきたとわかっていながら、私はまだ起き上がれなかった。

リビングをのぞき込んだ夫と目が合う。午後一時を回っているのに、私はパジャマのままだった。

「おまえ、トドみたいだな」

私に目を据《す》え、抑揚のない声で、夫はただひと言そういい捨てた。

私は、頭を殴られたかのような衝撃を受けた。いま、トドっていった？

わかっていた、夫がいいたいのは別のことだ。

しばらくセックスしていないイライラを私にぶつけたいだけ。なのに、その八つ当たりも自由にできないのが気に食わないだけ。

夫には借金のことで負い目がある。ソファで横になっていたふてぶてしい妻が自分を責めているように見えたのかもしれない。

「そもそも俺はそこまで仕事をしろ、なんていってない」

「俺だって女房、子どもを養うために働いているじゃないか」

「仕事をして帰ってきたのに癒しがない家庭なんてありえない」

「俺の相手もしないでソファにでかい身体で寝そべってんじゃねぇ」


溜まりに溜まった鬱憤《うっぷん》が、「トド」のひと言に託されていた。


私は子どものころから身長が高かった。だからずっと、太らないように気をつけてきた。縦に長いうえに、横幅まで出てしまうと存在感がありすぎる。若いころは、そう努力しなくても太らなかった。体型が変わったのは、娘を産んだあと。自覚はあった。そのうえ仕事量が増えたことで外食の機会も多くなった。

(誰のせいでこうなったと思っているの……?)

子どもを欲しがったのが夫なら、借金の保証人になったのも夫。

私は好きでこうなったわけじゃない。

これで太らない、痩せられる

夫は、私が楽をしているると思っているんだ。

だからぶよぶよと太ったんだと、気がゆるんでいる証拠だと思ってる。

優花を産んで以来、自分の時間はほとんどない。仕事で得たお金で夫の借金を返済し、実家にお金を渡すと、あとはほとんど残らない。弟と妹の学費も私が払っていた。

大げさでなく、息つく暇《ひま》もなかった。


いまだって、決して太っているほうではない。

でも夫の好みは、細身の女性。夫所有のＡＶを見れば、出演しているのは骨格が小さくて華奢《きゃしゃ》な女の子ばかり。高身長の私は骨格がしっかりしていて、もともと華奢とはほど遠い体格だった。

夫の言葉に傷ついた。
自分の体型を気にする余裕すらない毎日にも、傷ついた。
だけど私は同時に、
「夫の好みではなくなってしまった」
と焦《あせ》りも感じていた。
夫とセックスはしたくないのに、夫好みの体型ではいたい？
矛盾している。
どうして私、いまだに夫に嫌われたくないと思っているんだろう。
痩せたい。痩せなきゃ……。
こんな悔しい思い、したくない。

その日から私は、食べたものを吐くようになった。

痩せるためには、食べなければいい。けれど食べなければ人は生きていけない。

朝は少量のチョコレートとプロテインを摂取して、血糖値を上げる。仕事の合間のランチタイムには、おにぎりをひとつ。夜はプロテインだけ。

明らかにカロリーも栄養も足りていないけれど、この食生活をつづけていれば確実に痩せていく。


それなのにストレスが溜まると、たくさんの食べ物をお腹に入れたくてたまらない。食欲というにはあまりに凶暴すぎる欲求にとり憑かれた。

そんなときは、吸い寄せられるようにコンビニに入る。菓子パン、チョコレート、スナック、シュークリーム、大福、おにぎり……手当たりしだい、買い物かごに放り込む。

夜、夫も娘も寝静まってから、ひとりで食卓に座る。

眼の前には、買ってきた食料品の山。私は端《はし》からすべて、口に押し込んだ。

味なんて関係ない、おいしいかどうかもわからない。甘いものも辛いものも、どれも同じ。麻痺《まひ》した舌の上を素通りして、のどの奥へと送り込まれる。

すべてを胃に収めて満腹感を覚えた瞬間、「吐こう」と決めて、私はトイレに向かう。右手の人差し指と中指をのどに突っ込んで、さっきまで黙々と胃に詰め込んでいたものを出す。吐き慣れた私の胃はポンプのように収縮して内容物を逆流させる。

これで、太らない。痩せられる。

吐くと同時に一種の爽快感が湧《わ》き上がってくる。

でも、どれだけ吐いても、私のなかから「トド」のひと言が出ていかない。

なんでそんなことをいわれなければならなかったの？

吐きながら何度も何度も考える。

私はずっと痛いセックスに耐えてきた、何年も堪《こら》えてきた。

なのに、その仕打ちが「トド」？

目の端に涙がにじんだのは、胃液がこみ上げてきたからじゃない。

「最近きれいになった？」

これは摂食障害といわれる病気なのだと、私は知っていた。

そのうち、痩せることすら目的でなくなっていった。イラッとすることがあるとコンビニで大量買いし、一気に食べて、一気に吐く。

これが私のレジャーになった。

吐く目的以外で固形物をほとんど摂《と》らなくなった。

典型的な過食嘔吐を、週に何度もくり返した。もはや吐くこと自体が目的。

吐くために、過食する。

そうすることで、私は夫に抗議していた。

自分の性欲の赴《おもむ》くままに私を抱くこと、妻がつらい想いをしているのにまったく気づかないこと、家のことは何もしないのに娘にはいい顔をすること、飲み歩いて散財すること、借金を作ったこと、私をトド呼ばわりしたこと……。

夫を拒絶したい。

夫に認められたい。

まったく正反対の想いが、私のなかでぐるぐる回っている。

夫は、いい人。私は彼を愛している。

でももう耐えられないと、身体が悲鳴をあげている。

過食嘔吐に、私はどんな救いを求めているのだろうか。

夜ふけ、静かな家に私が嘔吐する音と、吐瀉物《としゃぶつ》を水洗で流す音が交互に響く。寝ている夫が何も気づかないうちに、私の病は深刻化していった。

半年後、鏡の中の私はガリガリに痩せ細っていた。

栄養不足で体力がなくなった。顔色も明らかに悪い。

なのになぜだか気分が高揚し、いくらでも仕事できるような気になっていた。生活もうまく回っている、気がしていた。

充実した毎日を過ごしているという、おかしな錯覚に陥っていたけど、実際には身を削るどころか、命を削っているにも等しい毎日だった。

何かにつけて鈍《にぶ》い夫は、私が病気だと気づいてもいない。たぶん、摂食障害という言葉も知らない。

「痩せたなぁ！」

夫は華奢な女性が好みなので、私の身体を心配しつつちょっとうれしそうだ。

「最近きれいになった？」

嘘でしょ。こんなあばら骨が浮き出ている身体が？

ここまで病的な身体があなたにとっての、きれいなの？

夫好みの体型になったからこそ、夫とは絶対にセックスするもんかと強気になった。

私たちのあいだにある溝を、夫はまだ深刻にはとらえていない。身体からのＳＯＳを受けて、私がひとり掘りつづけている溝は確実に広く、深くなっていく。

身体は常に倦怠感に苛《さいな》まれていた。めまいもひどい。

けれど私のなかに、これまでにない闘志が芽生えていた。

セックスが
好きじゃなかったの

この日、私はいつもより早く出勤した。
職場の駐車場に車を停め、スマホを取り出す。
好みの体型になった私に夫からのお誘いは増えたけど、私はほとんどを断っていた。
過食嘔吐は私の日常となり、食べては吐く行為にいままでのつらさをぶつけていた。
（本当はイヤだったの！）
（痛くてしょうがなかったの！）
そう心のなかで叫びながら吐くうちに、心身がどうやってもセックスを受け付けなくなっていた。

昨夜も体調不良を理由に断った。

たび重なる拒否に、しばらく八つ当たりを控えていた夫がとうとうキレてしまった。

これまでは夫にそんな態度を取られることが怖くて、ずっと我慢してセックスを受け入れてきた。

でも、もう無理。

（こんな身体になってまで、応える必要ってどこにある？）

身体は弱っていくのに、セックスを強《し》いる夫への抵抗感は強くなっていた。


車内を満たす冷気に私は背筋を伸ばし、スマホから夫にメールを送った。

〈私、もう性欲がないみたい。実は前からセックスが好きじゃなかったの〉

数秒後に、メールの着信音が鳴った。ちょうど夫は会社に着いているころだ。

〈もうしないってこと？　セックスがないならただの同居人じゃん〉

予想どおりの返信。

夫の結婚生活には、セックスが欠かせない。

それなしで一緒に暮らすことに、なんの意味が？　という考えの持ち主。

セックスがなければ夫婦でも家族でもなくなる……本当に？

セックスは夫婦の絆《きずな》を強めるっていうけど、夫婦ってほんとにそれだけなの？

ほかの夫婦は知らないけど、私はセックスするたびにあなたへの愛情が減った気がしてならない。


大切にされているという実感が欲しかった。

これって、私のわがままなのだろうか。


これまでのセックスは、ただ夫が挿《い》れて出すためだけにあった。私が求めているものは、まったくといっていいほどなかった。

私にとって挿入はつらいけれど、たとえばていねいに肌をなぞって、髪をなで、強く抱きしめ、時間をかけてキスをする。そのあとでの挿入なら、私も耐えられた気がする。挿れるときに苦しそうな顔をしているのに気づいてくれるだけでもよかった。

もうちょっと贅沢《ぜいたく》をいっていいなら、「痛かった？　ごめんね。まだ早かったね」といって、私の受け入れ準備が整うまで待っていてほしかった。

「俺からは絶対に誘わない」

夫は仏頂面《ぶっちょうづら》で帰宅するなり、「本当にもう俺としない気?」と訊《き》いてきた。私は、「好きじゃない」とはいったけど「しない」とは一度もいっていないのに。

「いまのままだと、むずかしいかな。ぜんぜん体調が戻らないし」

「だったら病院行けば? 体調が戻ったらできるんだろ」

体調が戻っても、痛くてつらいセックスを私の心と身体が受け入れられる自信はない。そうではなく、私の苦痛の原因を一緒に考えてほしかった。原因がわからないと、克服もできない。

夫の目をまっすぐ見て、いう。

「気持ちとか雰囲気とかを考えてほしい。そしたら私も、できるようになるかも」

私はここに至っても、まだ夫に期待してしまっている。

「気持ち、って？」

「私のよ」

「雰囲気とかいわれても……」

「たとえば、ちょっとゆったりとした癒しのムードを出してみるとか」

もっと前にこうして直球で伝えればよかった。私はこの問題から、逃げていた。

「そんなこといわれても」

沈黙の末に夫が口を開く。

「気持ちとか雰囲気とか、そういう目に見えないものって、俺、わかんないんだよね」

……そうだった。逃げていたのには理由があったんだ。

期待しても結局、裏切られる。

「もういい？　俺、寝るわ」

何も答えられずにいる私を置いて、夫は二階に上がっていく。いま私が何に打ちのめされているかなんて考えもしない。夫の、鈍感だからこその愛すべき面を私はたくさん知っている。でもそれは、憎むべき面とコインの表裏になっている。

「あっ」

階段の一段目に足をかけて夫はふり返り、思い出したようにいった。

「もう俺からは絶対に誘わないから。覚えておいて」

どういう意味？　「もうおまえとはセックスしない」といってくれればいいのに。

まさか、私が反省して誘ってくると思っている？　これまでの私の態度や、いまの会話の内容のどこに、妻から誘われる可能性を見たの？　夫の思考回路がわからない。

ここは、私の本心をきっちり伝えておかなければならない。

夫を傷つけることになるかもしれないけど、もうそんなことといっていられない。いま伝えないと、気持ちのすれちがいはもっと深刻になる。

それを避けたくて、私は翌朝、夫にメールした。

〈昨夜はありがとう。もうセックスしなくていいと思ったら気持ちが楽になった〉

セックスしない代わりの、良妻賢母

夫婦間の会話は、目に見えてなくなっていった。

夫がどう思っているかはわからない。自分からはもう誘わないと宣言したくせに、ときどき突っかかってくる。欲求不満でイライラしているのだと思う。

毎晩のように外で飲み歩き、家で食事をすることがほとんどなくなった。

たまに家族三人で食卓を囲むときにはちょっとした会話が行き交《か》ったけれど、それは私と娘、娘と夫が話しているだけのこと。

まだ幼い優花も、両親が直接会話していないことには薄々気づいているようだった。

夫に用事があるとき、

「これ、パパに渡してくれる？」

「パパに伝えてね」

と娘を使った。夫も同じ。

とてもかわいそうなことをした。母親、父親それぞれからの愛情を存分に受けながらも、両親が笑い合う光景は見ないまま育った。

それでも夫は、いい父親だった。休日には娘とふたりで遊園地や動物園に出かけていった。娘もパパが大好きだった。


夫が「セックスしないならただの同居人」といったとき、なんてひどいことをいうのかと思った。でも生活が落ち着いてくるにつれ、考えが変わった。

むしろこれこそが、私の求めている関係。ひとつ屋根の下で娘と三人、同居するなんて平和なんだろう。そんな生活に私は幸せを感じはじめていた。

私にとってのセックスは、その穏やかな暮らしを壊すもの。

夫はいまだに、セックスを夫婦の証《あかし》だと思っているようだけど、もう受け入れることはできなかった。

夫から誘われることがなくなったら、私の体調も安定するはず。

そう期待していたけど、過食嘔吐の頻度は変わらなかった。

「もし健康になったら夫が迫ってくる」

という恐怖感が、私に食べ吐きをつづけさせている。

セックスするのと摂食障害の病《やまい》を背負うのと、どちらを取る？

私は迷うことなく後者を選ぶ。

ときどき、病的に痩せた自分の身体を鏡で見た。ここまでいけば夫も萎《な》えるだろう、と安心した。病気が理由でセックスしなくていいなら、ずっと病気でいたい。


耳を傾ければ、心の奥底から「こんな不健康じゃダメ、このままじゃ死んじゃう」「子どもを残して死ねるわけがないでしょ」という声がする。

そう、こんなことをいつまでもつづけていられない。でもできれば、私たち夫婦がともに年を取るまで、なんとかこのままでいたかった。

年齢とともに性欲は減退する。夫の欲望がなくなり、私を求めなくなれば、きっともう一度仲のいい夫婦としてやっていける。

今夜も私は、コンビニで買い込んだ食品を胃に詰め込む。夫に抱かれたときの苦痛を思い出すだけで、いくらでも吐けた。

それでも、日々の生活からセックスがなくなったことで、私の心は少しずつ落ち着きを取り戻した。摂食障害になってからのほうが、夫と毎週していたときよりもずっとずっと快適だった。

私はいまが幸せだけど、夫にとってはそうではないことはわかっている。

セックスができないということで確実に幸福度が下がっているはずだ。

せめてもの埋め合わせをしたくて、家事、育児で夫の手をわずらわせることがいっさいないよう、完璧な良妻賢母《りょうさいけんぼ》をめざすことにした。

夜は飲み歩く夫も朝は家で食べていくから、常に夫の好きなものを用意する。栄養バランスのとれた弁当を作り、その日着ていくものをベッドの脇に置いておく。

仕事でどんなに疲れていても、家はいつもきれいに。散らかっていればすぐに片づける。めざすは、モデルルームのような家！

娘にはパパのいいところをたくさん話して聞かせた。

叱るのは私、甘やかすのは夫。私は嫌われ役でいい。

箱の中身は、大人のオモチャ

このころの私たちは、すでに修復不可能な仮面夫婦になっていた。

それもこれも全部、私のせい。私が女性として失敗作だから。セックスに応じることのできない妻が、夫の人生の足を引っ張っている。

当時は真剣にそう考えていた。

この先の人生も夫と一緒に歩んでいきたくて、私ひとりが必死だった。

夫の様子が変わったのは、二カ月ほど前。深夜に帰宅することが多くなった。

夫は、隠しごとができない。スマホを手にトイレに入り、長時間出てこない。男同士の飲み会なのに身だしなみに気を遣う……。女性と深い関係になったのだと誰でもわかる。もしかしたら、私への当てつけのつもりで女性の痕跡《こんせき》を隠さなかったのかもしれない。

おそらく水商売や風俗店の女性ではないと、私は当たりをつけた。夫がそうした女性たちと遊ぶのはまったく気にならなかった。そうしてほしいとさえ思っていた。欲求不満で八つ当たりされるよりずっといい。

（でも、そうじゃないとしたら？）

お金がからまない女性が相手だったら、夫はどうするつもりだろう。

「セックスがなければ、妻ではなくただの同居人」と夫は私にいった。それは裏を返せば、セックスをする相手が妻になるということだ。

ひとりの女性に本気になられて、いまの生活を壊されたくはなかった。

夫が見られたくないものを隠すところ……私は車のトランクを開けた。予想どおり、不自然な段ボール箱が見つかった。箱の中には、見覚えのない派手なシャツ、ラブホテルの会員証、そしてタオルに巻かれた大人のオモチャ……。

ハイ、不倫確定。

オモチャの存在からすると、今回は身体目的だと思う。そう、いまのところは。

「私が相手できないからだよね」

週末の夜、夫を食事に連れ出した。

夫は渋った。不倫相手の女性と会っていたほうがずっと楽しいにちがいない。

そんな夫を「たまにはいいじゃない」と強引に誘った。

娘に「今夜はおばあちゃんの家にお泊まりね。ママ、パパとデートしたいの」というと、おしゃまな彼女は「デート、デート！」と騒ぎ出す。

夫は行かないとはいえなくなる。


向かった先は、近所のカジュアルなイタリアンのお店。落ち着いて話ができそうなところを選んだ。

夫は黙々と食事を口に運ぶ。私たちのテーブルだけ、静かだった。

ワインボトルの中身はぜんぜん減らない。ワインの味がわからない夫は、きっと早く帰ってビールを飲みたいと思っているはず。これも、私の作戦どおり。

このあとの話を酔った状態で聞いてほしくなかった。

デザートまで食べ終えた夫は「うまかったな、帰るか」という。


私にとってはここからが本番。

「ねえ、これって何？」

私はバッグから取り出したものを、テーブルに置いた。タオルに巻かれた大人のオモチャ。流行《はや》りのレストランにこれほど似つかわしくないものはない。

タオルに見覚えがあったのだろう。ちらっと端《はし》をめくった夫が、固まった。

これは私の覚悟の証《あかし》。好きでこんな突飛《とっぴ》なことをしているわけじゃない。

「ちゃんと話してくれる？」

夫は身体を小さくして、うつむいた。

私のことも卑猥《ひわい》なオモチャも、視界に入れたくないのだろう。

罵倒《ばとう》されると思ったようだったけど、私がしたいのはそんなことじゃなかった。

「あのね、あなたにこんなことをさせたのは、私だと思うの。ごめんなさい。私が相手できないからだよね」

鼻の奥が熱くなり、言葉がのどにつかえた。

「だからあなたが風俗に行くのはしょうがないと思ってた。男の人は出さないとつらいんでしょ。……でも、これを使ってる相手はお店の人じゃないよね？」

夫の頭がわずかに動く。うなずいたらしい。

「この女性も遊びでつき合っているんだとは思うけど、でも、プロじゃない女性はやめてほしいの。私や優花が大事なら、もうその人とは会わないで」

私は小さなカップの底に残っていたコーヒーをすすってから、切り出す。

「私、努力するから。もう一度、あなたとセックスできるようにがんばります。だからお願い……」

テーブルに額がつきそうなほど、頭を下げた。

もう、これしかない。夫とのセックスを再開する――私が出した結論だった。

「産婦人科医」宋美玄が見る

セックスの悩み

COLUMN 3

年齢を重ねた女性に多い性交痛とその解消法

　セックスがつらい、性交痛があるという理由でクリニックを訪れる女性のなかで、最も多くを占めるのはアラフィフ世代です。心身に大きな変化が訪れることも多い、節目の時期。というのも、女性は四十代半ばごろから女性ホルモンの分泌量が減り更年期を迎えますが、その影響でさまざまな不調に見舞われる人が少なくないからです。これを更年期障害といいます。そして平均五十一歳前後で閉経を迎えます。

　このとき、性器も変化します。膣内の毛細血管が細くなり、濡れにくくなります。

少しずつ萎縮がはじまり膣内の弾力が失われていくので、セックスの挿入時に痛みを感じる人が増えるのです。性欲にかかわるホルモンが低下していくことにより、セックスしたいという欲求をあまり感じなくなる人も多いです。

解決法に、ホルモンの補充があります。減った分を補うことで、濡れにくい、痛みが出やすいといったハンデを解消するのです。もともとは更年期の不調を緩和するための治療法で、保険が適用されるため、お財布にもやさしいです。悩みが深刻な場合、女性ホルモンの錠剤を膣内に入れて濡れにくさや性交痛を解消する方法もあります。いずれも婦人科で相談し、処方してもらってください。

パートナーの触れ方に痛みの原因があるけどずっといえずにいた場合、更年期を機に「いままでと感じ方が変わってきたので、もっとやさしくしてほしい」と提案してみるのもひとつの方法です。

性交痛については、いろんな検査をしても身体的な理由がとくに見つからないことがめずらしくありません。しかし、痛みが人の心身に与える影響を考えると、そのままにしておいていいものではありませんし、自分にそんなつらい思いをさせるパートナーとのあいだに不協和音が生じても当然だと思います。

日本ではまだまだセックスについて相談できる場所が少なく、誰かに話すハードルも高いと思います。ですが、ひとりで悩む必要はありません。まずは身近な婦人科に相談してみてください。

第4章

崩壊

溝はますます
深まるばかり

こんなセックスなら してみたい！

不倫の事実を前にしても、おじいちゃんおばあちゃんになるまで夫と添い遂げたい、という気持ちは変わらなかった。娘から父親を奪うなんてこともしたくない。

家族がつづくか壊れるかは、私しだい。

そのためならセックスぐらいできるはず。

死ぬ気で受け入れなきゃ……というほど、悲壮感に浸《ひた》っているわけではなかった。

私は、以前の私じゃなかった。


過食嘔吐しても眠れなかった夜には、ネットサーフィンをしていた。

「セックス　嫌い」「セックス　気持ちよくなるには」と入力して、検索する。

どこかに自分にとっての答えがあるのではないかと、スマホの画面に見入っていた。

検索に引っかかったのは、たくさんの女性たちの悲鳴だった。

セックスを拒否して彼氏にフラれた女の子、夫から暴力的なセックスを強《し》いられた妻、子どもが生まれて以来セックスがなくなり気づけば夫が浮気していて、子どもごと捨てられた妻……。

背筋が凍《こお》った。

セックスをしないって、やっぱり関係が壊れても仕方ないことなんだ。

一方で、別れを恐れるあまりつらいセックスに耐えつづけている女性もいた。

気持ち、わかるよ……。

あなたの心はきっと擦《す》り切れてしまいボロボロになっているよね。

そんななかで、ときにはセックスに対して前向きな情報を発信しているサイトに出合うこともあった。

あるサイトでは、「大切なのはパートナーへの思いやり」としたうえで、とくに男性のどんな言動が女性を傷つけるかがリストアップされていた。

何回もできるほどスゴイとか、挿入時間は長いほどいいとか、ピストン運動は激しいほど悦《よろこ》ばれるとか……要はすべて男性の勘違いだと断言していた。

私は、時間も忘れ、次々と目次をクリックして読みふけった。

セックスには思いやりが必要？　いわれてみれば当たり前だけど、考えたこともなかった。夫のセックスには私への思いやりがあったっけ。うーん、あったら私が痛がっていることに気づくよね……。

そのサイトには、思いやりのないセックスは相手の心身に大きなストレスを与えるとも書いてあった。そのうえで、どんなふうに触れ合えば、自分の思いやりを相手に伝えられるのかが、細かく指南されていた。

ハグの仕方、キスの仕方から、男性から女性への愛撫の仕方、ピストン運動の正しい仕方まで……。読むうちに、気持ちのこもった触れ合いが、相手にどんなすばらしい変化をもたらすのかがよくわかった。

私の知らない世界が、そこにはあった。

ふと首元に冷たさを感じて、気づいた。私、泣いてる。目から涙が止めどもなく流れ、パジャマの首元を濡らしていた。

ああ、私、こんなセックスがしたかったんだ。

最初で最後の、夫婦の蜜月

思いやりのないセックスで痛い思いをしたのは、それは当たり前のことなんだ。私が女として欠けているからじゃなかった。

これこそがセックス。私だって、思いやりを感じるセックスで気持ちよくなってみたい。

私は夫と出会ってからはじめて、セックスに対して前向きになれた。

気がつけば、カーテンの隙間から、朝の光が差し込んできていた。一睡もしなかったことになるけれど、私の心は晴れ晴れとしていた。

結婚してからずっとさまよってきた迷路の、出口が見えた気がした。

その後何度もたくさんのサイトを読み込んだ私には、確信があった。

私が変われば、夫も変わる。


「ホテルに行きたい」

次の土曜に夫を誘い、ふたりきりで出かけた。

いままでと同じじゃダメ。気分を変えて再スタートしたかった。

夫は「一回だけ」という条件で受け入れてくれた。家ですればタダなのに、わざわざ出かけて、お金まで払う意味がわからないらしい。

なぜ私がホテルを希望するのか、ただの一秒も考えていない。


ホテルでキングサイズのダブルベッドに横たわり、私は緊張していた。

自分のしたいセックスの形が見えてきたとはいっても、ひさしぶりに夫の身体が覆いかぶさってくると身体がこわばる。

夫も何か思うところがあったのか、私に気を遣ってくれているようだった。

胸に触れるのは十秒だけ、という雑な愛撫ではなく、私を悦《よろこ》ばせようという気持ちが感じられた。すべてがぎこちないけれど、それもかえって愛おしい。

痩せて薄くなった胸に、夫の体温が染み込んでいく。

この日、私は夫の身体を受け入れることができた。痛くなかったわけじゃない。でも、夫が歩み寄ってくれていること自体がうれしくて、受け入れよう、受け入れたいと思えた。夫は私のなかで射精した。全裸のまま眠りに落ちた夫をベッドに残し、バスタブを熱い湯で満たして浸《つ》かる。じんわり涙が出てきた。身体の奥のこわばりも溶けて流れていくのを感じた。

(私、まだセックスできるんだ……)

夫に背を向けてブラジャーを着けていると、ひとり言のような声が聞こえた。

「ずいぶん痩せちゃったなぁ」

背中にもゴツゴツと骨が浮き、自分でも見るにたえない裸体だと思う。夫の声音《こわね》にも、私への哀れみが感じられた。

この日からの約二カ月間が、私たち夫婦の最初で最後の、蜜月《みつげつ》だった。

どうしたら夫と、思いやりを感じるセックスができるだろう。

何をすれば、私も気持ちよくなれるのだろう。

「ぎゅっと抱きしめて」

夫の体温と愛情を感じたくてそうお願いすると、夫は無言でうなずき、私の背に手を回して抱き寄せる。あたたかさは感じる。

でも、それだけだった。「おすわり」といえば腰をおろす飼い犬のように、いわれたことをやっているだけの夫。なぜその行為を求められたのかに思いを馳《は》せていないし、考えようともしない。

私が求めているゴールは果てしなく遠そうだった。

「私、うなじが感じるの」といえばうなじをベロベロと舐《な》め、「もうちょっと前戯に時間をかけて」といえば同じ動作で乳首をつまみつづける。

何をどういえば伝わるんだろう。私の意気込みも徐々にしぼんでいった。

「これ夢だったんだよなぁ」

そんな私の胸の内にまったく気づかない夫は、セックスが再開してからずっと機嫌がいい。朝、寝室から降りてくるときに鼻歌をうたっていることもある。飲まずに帰ってくる日が増え、私にもやさしくなった。

私が求めていたのはふたりで気持ちよくなるセックスだった。

（でも、前よりはましになっているからなんとかなるかもしれない）

そう自分にいい聞かせた。

両親が直接言葉を交《か》わしているの見て、娘も笑顔を見せることが多くなった。夫と幸せな家族を築くには、セックスが不可欠なんだなとあらためて思い知った。

夫は「妻の希望を叶《かな》えている」と思い込んでいる。

いま彼の目に映っている私は、セックスに積極的な妻。

しかも、自分から「もう一度あなたとしたい」と頭まで下げた。

だったらいろんなプレイを受け入れてくれるだろう、そう考えたようだ。


私たちは夫婦ふたりでドライブに出かけた。夫から誘われ、私も恋人時代のデートを思い出し、悪い気はしなかった。

けれど、私が思い描いていたドライブは二十分もつづかなかった。運転していてすれちがう車が少なくなったところで、夫がジーンズのファスナーを下げた。

「気持ちよくして」

「えっ、運転中だよ?」

夫にうながされるままに私は手を伸ばした。

すでに大きくなっているそれを下着から解放する。

指先で弄《もてあそ》ぶと、素直に反応した。

「舐《な》めて」

私は何もいわずに助手席から身を乗り出して、口にふくんだ。

舌を使いながら、必死で夕飯の献立《こんだて》を考えた。

視界の狭い車内では、気を紛《まぎ》らわせるのがとてもむずかしい。


「ああ……いいよ。これ夢だったんだよなぁ」

夫は左手で私の頭を押さえ、ペニスをのどの奥の奥まで押し込もうとする。片手運転で事故でも起こしたら大変と、私だけがハラハラしている。

「どう？　ミオも濡れてきたんじゃない？　いいんだよ、ひとりエッチして」

AVで観たシーンの真似をしたいらしい。

私は自分のジーンズのフロントボタンをはずして、下着のなかに手を挿《い》れる。ひとりエッチしているふり。夫をだますのは簡単だ。

そうして三十分間、会話らしい会話もなく、外の景色を見ることもなく、私は夫の一部をしゃぶりつづけた。

ドライブデートのつもりで出かけたのに、助手席で夫のペニスをほおばりながら自分の性器を触る女……。そんな自分の姿を想像したら、たまらなくみじめな気持ちになった。

もし事故ったら、衝撃とともにこのペニスを嚙《か》み切ろう。

そんな敵意が復活してくるのを感じていた。

私はあなたにとって何なの？


セックスを再開してから、過食嘔吐する回数が増えている。

お互いが愛情を感じるセックスって、どうやったらできるんだろう？

セックスは痛いし、つらい。

いちばんイヤなのは、自分が性欲処理の道具にされていると感じること。

夫は毎日まじめに仕事に行くし、いい父親でもある。暴力も暴言もない。性格もさっぱりしていて底意地の悪さは感じられない。小心なところはあるけど、とても善良な人間だと思う。

それなのに、セックスのときだけは別人格になるのは、なぜ？

欲求を抱えたかわいそうな俺

私は夫の背後からぎゅっと腕を回して抱きしめた。
自分の胸と夫の背中に一ミリも隙間ができないよう、ぴったりと密着させる。
髪をなで、うなじにキスをし、耳たぶをそっと噛《か》む。
乳首を舌先でつつくと同時に、太ももをさする。
性器にはまだまだ触らない、
焦《じ》らしに焦らして、触ってほしいと懇願《こんがん》するまで先には進まない。
私は、自分がやってほしいことを夫にやってみた。

受け入れる準備が整うまで、私からお願いするまで、たっぷり全身を愛撫してほしい――ひとつひとつの行動に、そんなメッセージを込めた。

「気持ちいい？」

「う〜ん。まぁ」

私なりに精いっぱい愛情を示したつもりでも、夫には焦れったいだけ。途中で何度も私の胸をわしづかみにし、自分がイニシアチブを取りたがった。


夫には何も伝わらなかった。

私たち夫婦のセックスで、挿《い》れるタイミングを決めるのは私じゃなくて夫。

私の身体がどういう状態にあるかはまったく気にされず、夫が挿れたくなったときに挿れる。

私が何をしても夫は変わらない。

気づきもしない。

妻の心と身体をこんなにずたずたにしておきながら、気持ちよく射精できる夫。

セックスを断ると、

「俺のことを愛していない」

とふてくされる夫。

だんだん夫のことが、わからなくなってきた。


過食嘔吐がますますひどくなってきた。

私は勤め先の人たちにも心配されるくらい痩せてしまった。

夫もようやくただごとではないとわかったようで、無理に求めてこなくなった。

セックスを再開してからたった二カ月で、またセックスレスに逆戻り。


「俺にもさ、限度ってものがあるからな」

ある晩、眠りにつこうとするとき、そういわれた。

夫の背に向かって「どういうこと？」と尋《たず》ねたけれど、わざとらしい寝息しか返ってこなかった。

聞かなくてもわかる。

あなたは自分のことを被害者だと思っているんだよね？

思うようにセックスできない俺。

妻に拒まれ、行き場のない欲求を抱えた気の毒な俺。

ついでに、そのあとに考えることも知っている。

（じゃあ、やっぱりほかの女のところに行くしかないよな）


しばらくして私は気づいた。

夫に、女性ができた。

車のトランクに何かを見つけたわけではないけれど、今回も夫は不倫していることを隠そうとしなかった。

胃がムカムカしたのは、過食嘔吐のせいだけじゃない。

夫の不倫を止めたかったけど、私にはもう打つ手がない。

この現実に立ち向かう、体力もなかった。

私の頭、壊れちゃった

夫の給料が引き下げられた。会社の業績悪化が理由なので仕方がない。

でも夫の借金はまだ残っているから、私が仕事を増やすしかない。仕事を追加した私には、休日というものがいっさいなくなり、文字どおりの働きづめとなった。

通勤中の車内で、夫からメールが届いた。

信号待ちのときに急いでスマホの画面を見ると、

〈お小遣い振り込んで〉

呆然《ぼうぜん》としていると、後続車からクラクションを鳴らされた。信号が変わっていた。

夫は家計がいまどんな状態にあるのか、まったく知らない。借金がある。給料が引き下げられた。そんな事実を目の当たりにするのが怖いのか、家計簿を見てほしいと私がいくら頼んでも、見ようとしなかった。

俺はちゃんと稼いでいるのにこんなに小遣いが少ないのは、妻のやりくりが下手《へた》だからだと信じている。

こんな金額じゃ、彼女と月に何度もラブホテルに行けないじゃないか。

夫と私、両方の給料を足しても、生活費、借金の返済、それに夫の飲み代、遊び代、私の実家への送金を引くとマイナスになっていた。

私は次の信号待ちのあいだに、

〈今月はもうムリです。本当に余裕がないんです〉

と返信した。不倫の腹いせにお金を渡さないわけじゃない。

夫がいま夢中になっている女性がどこに住んでいるのか知らないし、知りたくもないけど、ガソリン代と高速道路代はこれまでの三倍ほどになっていた。食事代、ホテル代、ほかにプレゼント代でもかかるのか、夫の金遣いは荒くなる一方だった。

借金返済のため爪に火をともす思いで生活している私からすれば、湯水のごとく使っているように見える。

手のなかのスマホがもう一度、震えた。
〈俺が稼いでいるのに俺が使えないなんて、貴女は鬼嫁ですか？〉
この一文を見た瞬間、耳の奥でバンッと音がして、目の前が真っ暗になった。
あ、ブレーカーが落ちた。
私の頭が、壊れてしまった。
〈車の運転中なのに……危ない……〉
意識が遠くにいってしまい、身体のコントロールがきかなくなりそうだった。
強くハンドルを握りなおす。
どこをどう走ったか記憶がまったくないまま、気づけば職場の駐車場にいた。
私の身体と心、バラバラになっちゃった。

こうして私は、うつ病になった。

消えて、いなくなりたかった

そこからの日々は、よく覚えていない。

私の世界は、真っ暗で小さな箱のなかだけになった。

箱のなかに、闇より黒いかたまりのようなものがある。

そのかたまりは臭気《しゅうき》のように悲しみを漂わせていて、それは息をするたびに私の身体に流れ込んでくる。おまけにどんどん大きくなるから、私は箱の隅に押しやられて小さく小さく身を縮めるしかない。


毎朝、目が覚めるたびに世界に絶望する。

なんでまだ生きているんだろう、と自分を責める。

それでも会社には行かなければいけない。

そうじゃないと、一家で路頭に迷ってしまう。夫には頼れない。

洗面台の前に立つ。

髪ぐらい梳《と》かそうと思っても、何を使えばいいのかわからない。

しばらく経って、ブラシを使うのだと思い出す。ブラシは目の前にある。

手に取ろうと頭で思っても、腕が凍《こお》りついたように動かない。あれ、腕ってどうやったら上がるんだっけ……？

自分がポロポロと涙を流しているのが鏡に映る。

私、泣いてる？　どうして泣いているんだろう……。

理由さえわからない。


何をするにしてもこんな調子だった。

職場に行っても、人の言葉が理解できない。

えっと、日本語で話してくれてますよね？　私、日本語ならわかるはずなんだけど。

それなのに私の口は勝手に返事をしている。そして、指示どおりに動く。

それがいわれたことと合っていればラッキーだけど、見当ちがいなことをして相手を困らせることもある。

「あなた最近ヘンじゃない？　前はいわれたことちゃんとできる人だったのに」

勤務先の先輩からそういわれると涙が止まらなくなり、ごまかすのに苦労した。

そうなんです、これまでできていたことが、まったくできなくなったんです。

黒いかたまりに吸い取られ、私という人間がスカスカになってしまったんです。

変化といえばもうひとつ、あの日を境に地面がやわらかくなった。

歩いていると、いくら踏みしめているつもりでも、ぐにゃぐにゃとして足を取られそうになる。車を運転しているときも同じだから、冗談ではなく命にかかわる。

怖くなって脳神経外科を訪れた。こんなにも頭と身体がバラバラなのは、脳の機能的な問題にちがいないと思った。たとえば血管が切れたとか。

初老の医師に、

「身体がいうことをきかなくなって……私、頭がおかしいんです」

と話したとたん、目から涙がぼろぼろこぼれ出た。

こういうときってどうするんだっけ？　ただ雫《しずく》が頬をつたいつづけた。

問診を受けたりCTスキャンを撮ってもらったりしたけれど、検査結果は異常なし。

「ストレスが原因でしょう」

私は、何をいわれたのかよくわからなかった。

そんな様子を見かねた医師が精神科の受診を勧めてくれた。


「うつ病ですね」


精神科医の言葉を聞いて「やっぱり」と思ったし、脳神経外科医が言ったように「でも単なるストレスなんじゃないかな」とも思った。どっちでもよかった。

私は、ただただ疲れだけを感じていた。

眠りたいというより、消えてなくなりたかった。身体を一ミリも動かしたくなくて、いっそ黒いかたまりに自分のことを呑《の》み込んでほしいと思った。

うつ病なのに不倫を疑われる

うつ病と診断されて、一年が経った。

外ではなんとか気力を保てても、家では緊張の糸が切れて死人も同然だった。

ふたたびセックスレスになってからも、一年と少しが経っていた。


ある日、めずらしく夫から話しかけてきた。

「これ、おまえ?」

目の前にスマホをぐいっと突き出されたので、受け取るしかなかった。

画面には、浴衣《ゆかた》の前をはだけてあられもない姿をさらす女性がいた。

写っているのは口元から下だけで、ひどく痩せていた。胸にはあばらが浮いて乳房のふくらみはほとんどなく、太ももと太もものあいだには大きな隙間《すきま》があいていた。写真は、誰でも投稿できるアダルト画像サイトのものだった。私がどこかの男性と不倫して、撮らせたものだと思っているらしい。それを私か男のどちらかが投稿して、人目にさらして悦《よろこ》んでいる、と。

(……ほんと最低)

ほかの男とセックスしてるから俺とはしないんだ、とでも思ってるのかな。

第一さ、十年以上連れ添った妻の裸体と、他人の女の裸体をなんで間違えられるの？AVやエロサイトばっかり見ていて脳みそが溶けてしまったんだろうか。

悲しいというより情けない。

無力感がどんどん増してきて、うつ病の薬も効かなくなりそうだった。

そもそもセックスがイヤなことが原因で摂食障害になり、うつ病にまでなったのに、どうして私がほかの男とセックスするだなんて考えるんだろう。

私のこと、なんにもわかっていない。

「うつなのよ、私。不倫どころか性欲も湧《わ》かないのに、そんなことできるわけないでしょ」

夫はそもそも、うつ病がどういうものかよくわかっていないのだ。調べようともしていないようだったし、なんかめんどくさい病気、ぐらいの感じで受け取っているのだろう。

「ふ～ん、そうなんだ……」

答えを聞いた夫の顔に、さっと安堵《あんど》の色が見えた。

私の気分をこんなに害しておいて、自分だけ安心感を得ようなんて許せない。不倫する女だと決めつけて妻を疑い、勝手な妄想で不機嫌になり、それを一方的にぶつけてくる。こんなことをしたら妻のうつ病が悪化するのでは、と立ち止まって考えることも、まずしない。

ただ自分が安心したいから、スマホを私に突きつけてきたのだ。

ひさしぶりに、お腹の底から力が湧いてきた。

「その写真はちがうけど、でもこれからはどうなるかわからないよ」

声に怒りをにじませないよう気をつけながら、さりげなくそういってみた。

「うつ病って、自分で自分をコントロールできないの」

不機嫌をあらわに部屋を出ていこうとする夫の背に、最後の言葉を投げつけた。

「薬の影響で記憶も飛ぶしね！」

さっさと夫婦を終わりにしよう

夫が家に帰る日が減った。

これまでも仕事だと嘘をついて外泊することはあったけど、娘と約束がある日は朝には帰宅していた。眠そうな顔をしながらも、娘と丸一日遊んでいた。

それが愛娘との約束も破るようになった。

それだけ、いまの女性に本気なのだ。

カード会社から届く請求書の額もはね上がった。明細を見ると、ガソリン代と高速道路代で十万円、飲食代で十万円、ラブホテルとおぼしきところに十万円。

夫を問い詰めると、悪びれる様子もなくいった。

「俺、家に居場所がないから外で食うし、車で寝てるんだ。そりゃ金もかかるわ」

言葉の端々《はしばし》から「おまえが悪いんだぞ」というメッセージが漏《も》れ出ていた。

おまえがセックスさせないから、俺は不倫した。

おまえが小遣いをよこさないから、こんなにカードを使った。

おまえがひどい妻だから、俺は家に帰らない。

本音では、夫の不倫の証拠をがっちり押さえて、女性と別れさせたい。慰謝料だって取れると思う。でもそうしないのは、もし夫が私の元に戻ってきたところで、私には夫の相手ができないから。同居人以上の関係になることはもう無理だ。

私は不倫相手のその女性が心底うらやましかった。

嫉妬とはちがう。その女性は夫とセックスができる。セックスして機嫌のいい夫と一緒にいられる。私もそんな身体になりたかった。

夫を受け入れられる身体の持ち主である女性から、夫とできない身体の私が愛情を取り戻せるはずがない。

家に寄りつかない夫からひっきりなしにメールが届く。

用件はお金の要求、それだけ。

カードの返済だけではなく、新車を買いたいのだそうだ。夫はファミリーカーに乗っていて、年式も古い。たしかにデートには向かない。

セックスさせてくれない妻には、〈早く俺のお金を振り込んで〉以外、伝えることもないってことか。

ここ数年、私はずっとお金のことばかり考えていた。

それ自体はべつにかまわない。家庭を維持するために当然のことだし、娘の将来を守るためでもある。

でも、夫が外でほかの女性を抱くためのお金について考えるなんて御免だった。

〈承知しました。今後、あなたのお給料はあなたが管理してください。私には生活費だけ入れてください〉

夫はこの答えを待っていたらしい。一分と待たずに、返信が届いた。

〈わかった。俺がやる。夫婦の関係も、さっさと終わりにしよう〉

いつかはいわれるだろうなと覚悟していたセリフ。

実際にいわれると、胸に突き刺さる。

〈離婚は、お互いの合意がないとできません〉

そう返信してスマホを置いた。

愛していたから、耐えてきた

とうとう夫から〝三行半《みくだりはん》〟を突きつけられた。

夫婦は、お互い支え合いながら一生を共に生きていくものだと思っていた。

ふたりの夢もあったし、大事な時間を一緒に積み重ねてきたつもりだった。

夫は家族を大事にする人だと思っていたけど、セックスをさせてくれる女性のために全部捨てようとしている。

結婚生活にこんな落とし穴があるとは知らなかった。

私、いつからこの穴に落ちていたんだろう。

夫は、なんのためらいもなく離婚のことを口にするようになった。

「こんな生活もう耐えられない」

「おまえは俺を愛していないだろ」

ちがう、耐えていたのは私のほう。

愛していたから、あなたのセックスに耐えてきたのよ。


「いま離婚すると、すぐに生活が破綻《はたん》するよ。ローンがたくさん残っているから、家を売ってもオーバーローンになるし、借金の返済もまだ終わってないじゃない。ひとりで返せるの？　いまは頭に血がのぼって離婚したいのかもしれないけど、夫婦で仕事をがんばって、ローンも借金もふたりで返していこうよ」

私がこういうと、夫は苦虫を噛《か》みつぶしたような顔をした。

自分のお金を自由に使えないのは私のせいだと思っていて、ふだんは自分が背負った借金のことは忘れている。たまに思い出させると、いつも同じ顔をした。

金銭的に不利な状態になるのはイヤだ、でも離婚はしたいということなのね。

夫は、ますます意固地になっていった。

妻が離婚に同意しないのは、俺に嫌がらせをしたいからなんだと本気で思っている。

「わかりました、そんなにいうなら離婚調停を申し立ててください。第三者の目にどう映るか見てもらいましょう」

「いいよ」

夫の声には自信がにじんでいた。


「夫婦間でセックスを拒みつづけると、離婚の理由になるんだってな」


どこかの誰かに入れ知恵されたらしい。

夫は離婚する気満々だ。

冗談じゃない。

夫にとって私は性欲処理係でしかなく、家族じゃなかった。

病気で使い物にならなくなったら「ハイ、さよなら」だなんて、まともな人間のすることじゃない。

そんなのはありえない。あってはいけないと思った。

セックスって〝させる〟ものだっけ？

「あなたが、させないからでしょ」

そういわれて耳を疑った。

その日私は、調停に備えて弁護士事務所を訪れていた。エレベーターの鏡に映っているのは、知らない女だった。痛々しいほど痩せて、目だけが不自然に光っている。夫から挑戦状を受け取ったような気分で、ハイになっていたのかもしれない。

ツテがなかったので、市内の弁護士をインターネットで調べた。

離婚訴訟を多く扱っているという理由で、この事務所に決めた。

応対してくれたのは、六十代半ばぐらいに見える男性弁護士だった。

ここに来るまで、何から説明すればいいのかとずっと考えていた。

私たち夫婦のあいだに横たわっている、もっとも大きな問題から切り出すのが、きっといちばんいいだろう。

「ここ二年ほど完全なセックスレスなんですけど、夫が浮気をしているようで、離婚したいといわれました」

車を運転しながら何度か練習したとおりに、ひと息で説明した。

それに対しての弁護士の応えが「あなたが、させないからでしょ」だった。


セックスって、〝させる〟ものなんだっけ？


どんなに苦痛でも、妻は夫にセックスさせなきゃいけないの？

悪いのは浮気した夫ではなく、どうしても身体が受け付けなくて拒むしかなかった妻のほうってこと？

セックスさせないと離婚されるなんて、二十一世紀になっても結婚って「長期の売春契約」とそう変わらないのかもしれない。

きっと、この男性弁護士が異常に偏《かたよ》っているというわけではなくて、こう考える人はほかにもたくさんいるんだろう。

もしかしたら世間の多く、大半の男性がそう思っているのかもしれない。女性を性欲処理の道具とみなしているのは、夫だけじゃなかったんだ。

「産婦人科医」宋美玄が見る
セックスの悩み

COLUMN

4

セックスレスの解消は、原因を探ることから

コンドームメーカーの相模ゴムが二十〜六十代の男女を対象に「結婚相手／交際相手とは、世間一般にいうセックスレスだと思いますか?」と調査した結果、「思う」「どちらかといえば思う」と答えたのは男性の約六割、女性の約五割でした。*セックスレスとは、「病気など特別な事情がないのに、一カ月以上性交渉がないカップル」のことをいいます。

理由はさまざまですが、私のクリニックには「する気がまったく起きない」という相談で来る女性が多く、それは女性側にそ

*相模ゴム「ニッポンのセックス2018年版」

の気がない場合と、男性がそうである場合との両方があります。お互いにしたいとはまったく思わないけどパートナーシップを築けている、という場合はとくに問題がないのですが、どちらかにしたいという欲求があるのであれば、セックスレスは解決すべき問題になります。

相手がしたがらない場合、どうすればいいか。夫婦でも恋人同士でも、無理やりセックスすることはできません。性行為の強要は、まぎれもなく暴力です。

妻、もしくは夫はなぜしたくないのか。その理由を探ることが先決です。疲れている、睡眠時間を優先したいという物理的な問題であれば、働き方や家事の分担などを見直す必要があるでしょう。産後はホルモン量の変化で性欲がまったく湧《わ》かない時期がつづく女性が多いことも、男性には知ってほしいです。出会ったときと比べ相手が太ったり身なりに気を遣わなくなったので欲情しない……という話は男女両方から聞きます。失礼な話と思わなくもありませんが、これは逆に考えると、外見を変えさえすればセックスが復活するということです。

セックスするには、相手の同意が必要です。それは夫婦間であっても変わりません。加えて夫婦の場合、今後自分たちはセックスしたいのか、したくないのか、するとしたらどのくらいの頻度でしたいのかという全体的な方針を、お互いにすり合わせておくことをオススメします。それを共有できていれば、その気になれないときも断りやすくなりますし、断られたからといっていちいち傷つくことも減りそうです。

第5章

覚醒

私の身体、おかしくない！

婚姻費用の分担請求

面倒なことは大嫌いな夫。そんな彼が離婚調停を起こしたのは、それだけ別れたいという意志が強いから。そして、自分に非はないと信じているからだろう。

はじめて足を踏み入れた調停室で、調停委員が私に夫からの申立書を手渡した。

「必要なお金をじゅうぶんに渡さない」「夫婦生活がなく、夫婦といえる関係ではない」

——真っ先にこのふたつが目に飛び込んできた。

（夫婦をつなぐものって、お金とセックスしかないってことか……）

わかっていたことだけど、あらためて書面で見るとショックが大きい。

ほかに認める点がいくらたくさんあっても、セックス〝させない〟妻とは、もう一日でも夫婦でいたくない。夫の本音をイヤというほど突きつけられた気がした。

夫婦生活を拒んでいるのは、夫とのセックスで強い痛みを感じるからであること、自分は性欲処理係でしかないと感じたこと、それでも我慢して夫を受け入れたこと、その結果うつ病になり身体が対応できなくなったこと……。

私は調停室ですべてを話した。

男女の調停委員は、それぞれ反応がちがっていた。

男性は夫婦生活をあけすけに語る私のことを目を丸くして見ていた。女性は励ますようにうなずきながら聞いてくれた。

最後まで聞き終えてから女性は、私としっかり目を合わせていった。

「泣き寝入りしちゃダメよ。取るものしっかり取りなさい」

彼女は、夫にも諭《さと》してくれたようだった。妻の合意がないかぎり離婚はむずかしいといわれたときの、夫の不服そうな顔が目に浮かぶ。

調停の結果、私たちは別居することになった。

私には、離婚する気は毛頭なかった。そこで調停のあとすぐに、「婚姻費用の分担請求調停」を申し立てた。

暮らしは別々になるけど、紙の上ではまだ夫婦。だから夫には妻と子を扶養する義務があり、生活費を支払わなければならない。

正式に離婚したのなら、娘の養育費だけを支払えばいい。でも別居の判断がくだされたことで、夫にとっては離婚するより重い負担がかかることになる。

私は娘を連れて実家に移った。

夫に残されたのは、ひとりには広すぎる庭付き一戸建ての家と、そのローン。

だいたいのものは持ち出したけれど、家のあちこちに妻と娘の痕跡が残った家だ。〝本気の彼女〟がまともな神経の持ち主なら、ここに住みたいとは思わないはず。おまけに籍もまだ抜けていない。

夫の前にある選択肢は、今後もガソリン代と高速代を費やして彼女の元まで行くか、ラブホテルに泊まるか、もしくは家を売って彼女と暮らす新居を借りるかだ。

別居した私には、夫が背負った借金を一緒に返す義理はない。

これからは夫がひとりで返済していけばいい。

セックスと愛についての勘違い

しばらく経って、夫から自己破産したと知らされた。予想していたことだった。

そうなっても婚姻費用の支払いの義務はつづく。もし滞《とどこお》れば、夫の給料が差し押さえとなる。

私はどこか残酷な気持ちになっていた。自分にこんな一面があるとは知らなかった。

こんな状態の夫に〝本気の彼女〟をつなぎ止められるかを見てみたかった。

実家に引っ越してからは、考えなければいけないことがたくさんあった。

いまは婚姻費用で生活できているけれど、今後ずっとこのままというわけにはいかない。シングルマザーとして娘を育てていくために、いまからしておけることを知りたくて本屋に行った。

そこで、私は運命の一冊と出合う――『スローセックス完全マニュアル』。アダム徳永という男性が書いた本だ。

セックスができないから家庭が崩壊した私の目に、〝スロー〟〝セックス〟という語がダイレクトに飛び込んできた。パッと開いたページに、「〝愛〟を過信してはいけません」という見出しがあり、私は衝撃を受けた。

「気持ちいいセックスをするために、〝愛〟はとても重要な感情です。（中略）たびたび〝愛のあるセックス〟というのが、セックスの最上級のように語られることが多いのですが、実は愛に比重を置きすぎると、ときにとんでもない深い落とし穴にはまることになるということを、知っておくべきです」

どういうこと？　セックスは愛する人としかしないものでしょ？

私は夫から「セックスさせないなんて、俺を愛していない証拠だ」といわれた。

頭のなかでいくつものクエスチョンマークが回転をはじめた。私はいても立ってもいられなくなり、本を手にレジに向かった。

そして、車のなかで読みはじめた。家に帰るまで、待てなかった。

愛はあるけど
快感はないセックス

この本と出合うのが結婚前だったら、私の運命は変わっていたかもしれない。恋人時代から、夫とのセックスが苦痛だった。でも私たちはお互いを大好きだから、そのうち気持ちよくなると思っていた。それはただの思い込みだったようだ。

本によると、セックスには次の四種類がある。

①気持ちいい愛のあるセックス
②気持ち良くない愛のあるセックス
③気持ちいい愛のないセックス

④気持ち良くない愛のないセックス

私が当てはまるのは、もちろん②だ。①になるよう努力はしたけど叶《かな》わなかった。本には、それは「当然だ」と書かれてあった。

「『愛し合っている異性とセックスした。でも、気持ち良くなかった』。この事態に遭遇したとき、普段、皆さんがとても重視している愛が、逆に大きな足かせとなるのです。多くは、『彼は本当は私のことを愛していないのかもしれない』『二人の愛が足りないから気持ち良くなかったの?』と気持ち良くなれなかった理由を、〝愛〟に探そうとするのです」

私は、愛とセックスをがちがちに結びつけていた。愛している夫とのセックスをイヤだと思う自分が悪いのだ、と。

もしこれを早くに知っていたら、私たちは気持ちいいセックスができたのかな。

「愛を言葉で相手に伝えるためには、コミュニケーション能力が必要です。それと同じく、セックスで愛を伝えるためには、正しいセックスの知識と技術が必要なのです」

セックスの知識と技術……?

私はずっと、セックスに必要なのは思いやりだと思っていた。それさえお互いに心がけていれば、気持ちいいセックスができると信じていた。

だから私を思いやっているようには見えない夫の態度に、傷ついてもきた。


本を読み終えて、私たちがこうなってしまった理由がわかった気がした。夫も、私のことをまったく大事に思っていないということはなかったのだろう。でもいくら思いがあっても、女性がどうしたら気持ちよくなるのかという知識と、そのための技術がなければ、相手は気持ちよくなれない。

痛いと感じ、傷つくこともある。

「愛している夫とのセックスをイヤだと思う自分が悪い」

その考えにとらわれてきた私の十年は、何だったんだろう。

私たちにもセックスで気持ちよくなれる可能性は十二分にあった。それができたら、心も身体もしっかり結びついた夫婦でいられたのだろうか。別居せずに済んだのだろうか……。

私は本のページの一部をスマホで撮影して、夫にメールした。

自分が妻にしたことの意味を知ってほしかった。夫は自分が責められていると感じ、ろくに読まずに削除するだろう。それでも、送らずにはいられなかった。

夫以外の男性としてみたい

その日、私はひとりで電車に揺られていた。

ひざにあの本を乗せ、そのうえにそっと両手を添えて窓の外に目をやっていた。

頭のなかは、これから体験するかもしれないことでいっぱいだった。

夫からつらいセックスを強要されつづけた日々、私は意欲とか意志とか、それから希望といったものをひとつずつ手放していった。

自分のために行動することがほとんどなくなって、何年も経つ。

けれど、今日はちがう。私は自分のためだけに、東京に向かっている。

あの本の著者のブログで「モニター募集」の文字を見つけたのは二週間前のこと。応募条件はひとつ。彼とセックスをした後、その感想を書いて提出すること。過食嘔吐のための食料品をたっぷり買い込んでいたにもかかわらず、私はコンビニの袋に手も触れず、一心不乱に応募フォームに必要事項を書き込んだ。

〈私たち夫婦は、セックスレスが原因で終わってしまいました。子どもにも恵まれ、最高に幸せな家族だと思っていたのに〉

この本を書いた人に会えば、彼とセックスをすれば、私たちの家庭が壊れた理由がきっとわかる。そう思うと、過食嘔吐なんてしてる場合ではなかった。

夫とできないのは、私が欠陥品だから、身体がおかしいから、そう思っていた。でも、夫以外の人として気持ちよくなれたとしたら……？

その〝夫以外〟の人というのは、この人以外に考えられなかった。

たくさんの女性から快感を引き出している人となら、夫とはまったくちがう感覚を得られるのではないか。

一度呼吸を止めて、「送信」ボタンをクリックした。

はじめて会う男性とその日にセックスをすることになる。

そのこと自体に抵抗は感じなかった。

貞操観念がないといわれてもかまわない。

家庭が壊れた理由をはっきりさせたかった。

五日後にモニター当選のメールが届いた。


その男性は、想像していたよりずっとスラッとして若々しく見えた。

ぎらぎらした感じはない。どちらかというと、堅実なお医者さんの雰囲気に近い。

都心にあるオフィスも、まるで高級なクリニック。受付の女性が「このたびはモニターにご応募いただき、誠にありがとうございます」と丁重に迎え入れてくれた。

応接室で革張りのソファに腰掛けると、男性はさっそく切り出した。

「ミオさんは、パートナーとのセックスが苦痛だったんですね」

応募のときにいきさつをすべて送ってあるので、ここでは何も隠さなくていい。

「どうしても受け入れられなくて。でも、なぜ自分が受け入れられないのかわからなくて……」

この話になると、私は涙を抑えることができなくなる。

私の肩にそっと手が置かれた。服をとおして伝わってくるあたたかさに励まされ、現在、摂食障害とうつ病をわずらっていること、それは長くつづいた苦痛なセックスが原因だったのだろうかと悩んでいること……すべてを吐き出した。

彼は肯定も否定もせず、静かに聞いてくれた。

「その答えは、私との時間が終わったあとにあなた自身が見つけるでしょう」

最後にそういい、今度は私の手を握った。

性的な雰囲気はなく、重病の患者を見舞いにきた人がその手をそっと握るのに近かった。そして、私と視線を合わせて、いった。

「それでは行きましょうか」

女性を徹底的に悦ばせる使命

エスコートされて、応接室を出る。受付の女性に「行ってらっしゃいませ」と笑顔で見送られ、オフィスをあとにした。

セックスをしにいくのをこんなに明るく見送られたのははじめてだった。

ホテルに入ったあと彼は私にソファで待つようにいい、コーヒーを淹《い》れ、タオルや歯ブラシを用意し、バスタブに湯を張り……手際よく整えてくれた。

「コーヒーを飲み終わったら、入っておいで」

といって彼は、先にバスルームに入っていった。

私は、いわれたとおりに動くだけ。余計なことは考えずに、服を脱いだ。

バスルームの照明は薄暗く設定されていて、お互いの身体のシルエットがやっと見える程度。痩せすぎた身体を明るい照明にさらしたくないという私の気持ちを、推《お》し量《はか》ってくれたのかもしれない。


薄暗いなかで男性が、「こっちへおいで」と浴槽から両手を広げていた。うながされるまま、私は彼に背中を向けた状態で浴槽に入った。そんな私をそっと後ろから抱き締め、支えてくれる。

「きれいな手だね」

私をリラックスさせるためだとわかっていても、その気遣いがうれしい。

「あなたは魅力的な女性だよ」

緊張が少しずつほどけ、湯に溶けていく。

男性の大きな手が肩から腕、そして背中……とゆっくり移動する。手のひらが触れているだけなのに、私の肌はとろけはじめた。

彼には、オリジナルのテクニックがある。それは「男性には女性を徹底的に悦《よろこ》ばせる使命がある」という考えから生まれたもの。

はじめてそのことを知ったとき、私は「逆じゃない？」と思った。

夫は私の身体に触れることなく、「舐《な》めて」「気持ちよくさせて」とねだった。私は十年以上そんなセックスしかしてこなかった。触れられたところで痛かったり不快だったりするだけだから、それでいいとも思っていた。

女性を悦ばせたいと思う男性の存在が、いまひとつ信じられなかった。


お風呂から上がると、彼は私にベッドにうつ伏せに寝るようにといった。

その通りにすると、背中にベビーパウダーをかけられた。そして私の肌に触れるか触れないかというとてもデリケートなタッチで、彼の指が私の全身を這《は》っていった。

あの本を何度もくり返し読んだからこのテクニックのことは知っていたけど、頭で考えるのと身をもって体験するのとでは、天と地ほどの差があった。

快感を貪りつくそうとする肉体

全身を触ってほしい――。

それは夫とのセックスで私がいつも願っていたことだった。

それは叶《かな》わなかったけど、いま、会ったばかりの男性の指で私の全身が愛撫されていく。その指は、普通の男性ならセックスのときにまず触らないところにも伸びてくる。かかとや、くるぶし。顔にも触れる。まぶたや、額。

マッサージされているときのような、穏やかな気持ちよさがある。

そっと触れられているだけなのに、私のこわばりまでするするとほぐされていく。

しばらくすると、それが淡い性感に変わる。かかとを指先で触られて、全身が甘くしびれていくのははじめての経験だった。私はどんどん敏感になっていく。本を読んで「女性は全身が性感帯です」という一文を目にしたとき、私は素直にそれを信じることができなかった。

けれどこの日、自分の身体は男性からの愛撫で気持ちよくなれるのだと知った。かかとでも感じる。まぶたでも感じる。全身から悦《よろこ》びの声があがるのを私は聞いた。

(この男性は、私の身体を大事に扱ってくれている)

その事実がとてもうれしかった。その手が胸に触れているときも、彼が見ているのは私の全身、そして顔。この触り方で私が感じるかを、感じていないならどう触れればいいかを毎秒ごとに考えてくれる。

彼の頭には「いま目の前にいる女性が大事だ、気持ちよくしたい」という考え以外ないように思える。それが私への、最大の敬意となっていた。

私の自惚《うぬぼ》れではないと思う。肌を触れ合わせているからこそわかる。確信できる。本当の性感って、相手への信頼や敬意とセットなんだ。

それがない人に胸を揉《も》まれて、感じるわけがない。

私は安心感と幸福感のなかにいた。

「今度は仰向けになって」

私はいわれたとおりに動く。寝返りをしたとき、身体から余分な力が抜けているのがわかった。気持ちよくなると、人は脱力するんだ。知らなかった。

全身にベビーパウダーをかけられる。

「え……っ、何これ、感じます!!」

腕の付け根から胸にむけて数センチいったところをタッチされた途端、いままでのゆったりとした安心感ではなく、背骨がムズムズするような快感へと変わった。

「そこ、いままでとはちがう感覚です」

私がいうと、さらにその場所が指の腹でトントンと軽くノックされる。

「あぅっ!」

その快感に全身が震える。意識が飛びそうだった。

飛ばなかったのは、私がまだこの状況を頭で理解しようとしていたから。

こんな場所が? どうして……? と冷静に考えようとする自分と、その快感を全身で貪《むさぼ》ろうとする自分の葛藤がはじまった。次の瞬間、もう勝負はついていた。

もう頭で考えている場合ではない。私は、理解するのではなく感じることにする。

身体のすみずみまでが、感覚器官になっていた。

獣を解き放ち、獣になる

「全身で快感を味わいたい!」

私のなかに獣《けもの》が生まれた。貪欲でワガママで、凶暴なほどのパワーをもった獣。ちがう、獣はずっと私のなかにいた。ずっと眠っていた。夫からセックスを強《し》いられるたびに、どんどん奥へと引きこもっていった。小さくうずくまり自分の存在を消していた獣が、出会って数時間の男性の手によって目覚めようとしている。

彼が指でノックする範囲をどんどん広げていくたびに、獣の目も少しずつ大きく見開かれていく。

私の口から、はじめて声が漏《も》れた。

夫が入ってきたときに嘘で漏らした、かわいいあえぎ声ではない。あれは、こっそり盗み見た夫のAVを真似ただけのもの。

快感が身体の内側から突き上げてくるとき、人は獣のように唸《うな》り、吠《ほ》える。


「うおっーーー!」

「ギャーーーーッ!!」


のども潰《つぶ》さんばかりに叫ぶ。全身が快楽を求めて雄叫《おたけ》びをあげていた。

彼とひとつになってから、私はもう自分の心と身体をすべて獣に明け渡した。

私は手を引かれ、洗面台に連れていかれた。鏡の前に手をつかされ、後ろから彼が入ってくる。

私が鏡のなかに見たのは、髪を振り乱して快感を貪《むさぼ》る女。

「これが、私?」

全身に肉がなく、あばら骨がくっきり浮いていた。胸もぺたんこになっている。

健康とはほど遠い身体なのに、頬に赤みがさし、目がらんらんと輝いていた。

獣を解き放ち、そして獣になった私の顔。

何もかもむき出しにして全身で快楽を味わおうとしている自分の姿が怖かった。でもその快感は本能的で動物的で、生命力にあふれていた。動物的だからこその神聖さをこのとき感じた。

ああ、これが生きているということなんだ。


今度は、私が上になる。頭で考えるより先に腰が動く。快感で全身を満たしていると、真っ白な光が私の頭から落ちてきた。雷のような、光。

私は自分がイッたんだと悟る。


これまで自分とは無縁だと思っていたことが、このときに実現した。

オーガズムとは、私にとって光だった。うつ病のときに取り込まれそうだった真っ黒で重いかたまりとは正反対の、白くてまぶしい光。

生命力、という言葉が浮かんでくる。

雷に打たれてもなお、私の身体は動きつづけた。もう私の意志ではなかった。本能が私の身体を操っている。

いままでずっと求めつづけていて、なのに一度も得られなかった快感を、一気に取り戻そうとしているみたいだった。

下から突き上げられるたびに、快感が身体を縦断する。

自分の身体が悦《よろこ》んでいるのがわかる。エネルギーが満ちてくるのがわかる。

私たちの交わりに、終わりはなかった。

夫としているときはいつも早く射精してくれますようにと願っていた私が、いまは、どうかこの時間が終わりませんようにと願っている。

「こうやってずっとつながりつづけて、ずっと気持ちよくいられる……それが本当のセックスなんだよ」

ああ、そうか。私いまセックスしているんだ。これが、セックスなんだ。

強いられるのではなく自分から求めてするセックスは、こんなにも人を幸せな気持ちにさせてくれる。

答えは、自分自身で見つける

すべてが終わったあと、私は起き上がることができなかった。

「ミオさんの身体は、すごいポテンシャルをもっているね。セックスができない身体なんかじゃないよ」

何年も求めていた言葉をやっと聞くことができた。

この日のセックスでは一度も痛みや不快を感じなかった。セックスができないのは、私の身体がおかしいせいじゃない。

「でも途中から何がどうなったのか……実は気持ちよかったのかどうかさえもよく覚

えていなくて」

「気持ちよさそうだったよ、最初から最後までずっと」

笑い声があたたかかった。

「でも、そう思うのも無理はないね。ミオさんはいままで気持ちいいと感じたことがなくて、セックスはイヤなものだとずっと思ってきた。それにうつ病だったこともあって、脳がすぐに〝快〟を認識できなかったんじゃないかな」

すべての言葉が腑《ふ》に落ちる。

それだけ刺激的すぎるセックスだった。カラッカラの砂漠に、いきなりスコールが降ったようなもの。身体は反応したけれど、脳がついていけなかった。

「ミオさんは、僕のこと愛してる?」

「……愛してはいないですね。感謝はしていますけど」

「愛がなくても気持ちいいセックスはできるって、ミオさんは今日知ったよね」

私は、大きくうなずいた。

「じゃあどうして愛している人とのセックスで気持ちよくなかったのか……考えるヒントになったね」

答えは自分で見つける——最初にそういわれた意味が、いまわかった。

その後私たちはホテルを出て、最寄りの駅まで並んで歩いた。腰に手を置いてエスコートされるなんて、はじめての経験だった。

しばらくすると私は不思議な感覚に包まれた。骨盤のあたりがほわっとあたたかく感じる。同時に気持ちも、明るくなる。

「あの、腰がとってもあたたかくて」

話しかけているそばから、なぜか笑いが漏《も》れてくる。

「なんかヘンな感じなんです。おかしくて……えっと、この気持ちは……そう、愉快！」

往来の真ん中で、私は笑いが止まらなくなった。理屈じゃない。うれしくて、楽しくて、幸せで……そんな感情が身体の底からふつふつと湧《わ》いてきた。


長らくうつ病をわずらっていた私は、カーテンも雨戸も締め切った真っ暗な部屋にいた。すべて開け払うと、そこに急に太陽の光が入ってきた。思わず目を細めてしまうぐらいの明るさに、身体が悦《よろこ》んでいるのがわかった。

身体が気持ちいいと感じると、心も気持ちよくなる。

それが、幸せということなんだ。

「産婦人科医」宋美玄が見る
セックスの悩み

COLUMN
5

セックスする気がまったく起きない女性たちへ

カップルで話し合って「する」と決めた。でも、どうしてもその気になれないという女性は少なくありません。さらに詳しく聞くと、自分の内に性欲を感じることがほとんどないそうです。性欲は個人差がとても大きく、強いから優れているということはありません。しかし欲求がなくとも、本人が「する必要がある」「したほうがいい」と感じることはあります。だいたいは子どもが欲しいか、相手とのパートナーシップを維持するためかの、どちらかです。心身に強い苦痛がある場合は別ですし、相手の欲求すべてに応える必要はありませんが、夫婦関係を築いていくうえで、ここまでなら対応が可能、というラインを自分で決めておいてもいいのではないでしょうか。

私はそうした女性たちに「自分のセックスファンタジーをもとう！」とアドバイスをします。相手とセックスすることになったら、それによって性欲のスイッチをオンにするのです。セクシャルなコンテンツに興味をもつ女性は昔からいたのでしょうけれど、いまはそれを隠さなくてもいい風潮になっていますし、女性向けと銘打ったAVや官能小説、アダルトコミックなどが多数販売されているので、アクセスもむずかしくありません。

いろいろと見ていくうちに自分はこうしたシチュエーションが好きだとか、こうした関係性に興奮するとかいうことがおのずとわかってきます。患者さんのなかにはこれを実践し、「私がしてみたいセックスはこれ！」というものを見つけ、そのファンタジーをとっかかりとして夫ともセックスできるようになったという人がいます。その嗜好《しこう》がどんなものか、誰にも話す必要はありません。もちろんパートナーにも、です。自分だけのファンタジーとして愉しみましょう。

最後に。挿入がつらいというカップルは、挿入や射精がなくてもセクシャルな触れ合いはできるということを知ってください。お互いの身体を慈《いつく》しみ、気持ちが通じ合えばそれはもう、立派なセックスです。相手を傷つけない性的触れ合いは可能ですし、それでこそ心が満たされます。

第6章

回復

はじめて知った
快感と幸福

一度のセックスで私は変わった

セックスを軽く見ていたのは、もしかしたら私のほうかもしれない。

セックスが理由で離婚しようとしている夫のことを、まったく理解できなかった。家族を捨てるほどの魅力がセックスにあるの？　信じられない、と。

いまは、わかる。セックスで人生が変わることもある。変えたくなる原動力がある。

エクスタシーを感じると、自分の身体も捨てたもんじゃないと思えてくる。自分の身体で相手が悦《よろこ》んでいるのを見ると、私という人間にも価値があると信じられる。

ただしそれは、ふたりで気持ちよくなれるセックスにかぎった話。夫が私にしてきたのは、セックスではなく、ただの排泄行為。

そう考えられるようになったきっかけは、やっぱりあの本との出合い、そしてその後のセックスだと思う。獣《けもの》になった自分を知って、私は変わった。

数年ぶりに私は、深く眠れるようになっていた。

どこまで悪くなるんだろうと不安しか感じていなかった身体が少しずつ軽くなる。心の底に澱《おり》のように溜まっていたものたちが、抜けていくのを感じていた。


ほかの男性ともしてみよう。

一度のセックスで私は変わった。

だったら、ほかの男性とも試してみたい。


渡部《わたべ》さんとは、ネットを通じて知り合った。

少し年上の男性。私の住む町から、車で一時間ほどのところに住んでいる。それ以外は、彼について何も知らない。それなのにプロフィール写真を見たときから、この人なら自分の身体を任せても大丈夫と思えた。

私はネットでの出会いにおいては完全に素人《しろうと》だったけど、長年セックスでイヤな思いをしてきたせいで、「この人とすると危ない」というヘンな勘がはたらくようになっていた。

はじめて会った渡部さんの目に映っているのは、私そのものだった。

夫の目に映っていた私は、私じゃなかった。妻……それも、セックスができない欠陥品の妻。私の痛みも、うつ病や摂食障害でボロボロになった心も、彼はいっさい関心がなかった。

このときの私は、最悪の状況からやっと立ち上がりはじめた状態だった。大切に扱われるセックスの快感は、心と身体を肯定してくれるのだと知った。

むずかしいことはよくわからない。でもうつ病になって以来、やめたくてもやめることができなかった自己否定を、少しずつやめることができるようになった。その時間は、毎日ほんの少しずつ長くなっていた。

渡部さんは、痩せすぎで鎖骨のあたりが痛々しい私を見て、何かを察してくれたようだった。

彼もある意味、普通の人じゃなかったのかもしれない。出会い系で会った女性が見るからに病んでいたら、多くの男性はそれ以上近づかないだろう。

女性の身体を使ったオナニー

渡部さんは、「話が聞きたい」といってくれた。

「きみをそんなつらい状態に追い込んだものは何?」

気づけば私たちはビジネスホテルにいた。私をソファに座らせ、紅茶を淹《い》れながら渡部さんはそう聞いた。

少しは回復したつもりだったけど、いまの私はまだ初対面の人にもひと目で「つらい」とわかってしまう状態なんだ。

というより、初対面の人だからこそわかるのかもしれない。

夫のことを話してみようと思ったのは、どうしてなのか自分でもよくわからない。

はじめて夫以外の人としたとき、「魅力的な女性だ」といわれて、ガチガチにロックがかかっていた心の扉をノックされたような気分だった。次の渡部さんは、私が問題を抱えていることに気づき、その扉をすっとすり抜けて内側に入ってきてくれた。

「実は……夫のセックスがずっとイヤだったんです」

私は顔を合わせて一時間も経っていない男性に、セックスができなかったせいで完全に崩壊しようとしている結婚生活のことを話していた。

夫とのセックスは痛くて不快だったけど、夫のことが好きだから我慢していたこと、それでも夫にとっては不満足な回数だったこと、夫が浮気したこと、夫が借金の保証人になったことで私がうつ病をわずらい、本当のセックスレスになってしまったこと、そして夫に本気の彼女ができて離婚を切り出されたこと——。


「気持ち悪いね」渡部さんはひと言そういった。

「自分の性欲と征服欲のためだけに女性にセックスを強《し》いるなんて気持ち悪いよ」

彼の過激な言葉に、私の口からは何も言葉が出てこなかった。

「自分がイクときは、目をつぶって黙々とピストン運動するって？　それは女性の身体を使ったオナニーでしかないよ」

「自分が抱いている女性が気持ちいいのか痛がっているのかもわからないなんて、いったい何を見ていたんだ?」

「きみが受け入れられない理由を一度も聞かなかっただなんて、僕にはさっぱり理解できないよ」

私もそう思う。ずっと思ってきた。

だけどそこまでいわれると、夫がとてつもなく悪い人間のように聞こえる。

「でも……普段は穏やかな性格なんです。私にも娘にもやさしいし。セックスはつらかったけど……夫も悪気があったわけじゃなく……」

「悪気がないのがいちばん始末におえないよ」渡部さんは切って捨てた。

「いい人と思いたいのはわかる。一度は愛した男だもんね。でもここまで自分のことを壊した人間をかばうのはやめたほうがいい。かばえばかばうほど、きみは自分を責めることになる。私が悪かったんだ……そうやって自分のことを粗末にしているかぎり、うつ病はよくならないよ」

私と渡部さんとのつき合いがはじまった。

セックスは、諸刃の剣なんだ

その後も渡部さんは根気強く、私の心について、病《やまい》について聞き出した。話すうちに少しずつ心がほぐれ、彼との距離が縮まっていくのがわかった。

「男性が女性のことを想ってセックスすれば、女性は精神的に満たされる。心の充足感があると、女性はイキやすくなる」

というのが渡部さんの持論で、だから私との会話を重視していた。

「身体を乱暴に扱われると、それがトラウマになることもあるよ。そうなったら当然、相手を受け入れられなくなるし、最終的には気持ちいいという感覚さえわからなくなる。男性が老化でも病気でもないのにEDになることがあって、それはメンタルに原因があるといわれているけど、女性が痛くて男性を受け入れられなくなるのも、同じ理由からなんだろうね」

何もかもが納得のいく話だった。

「男性の場合、多くはセックスをしたいから女性を抱く。女性の場合、多くはその人が好きだから身体を許す。女性がしたいと思うとき、必ずしも性欲が高まっているとはかぎらないよね」

そういわれ、うなずき返す。私は性欲を感じたことがほとんどない。

「そんな女性に対して、男性が性欲を満たすためだけに身体を求めたら、たとえ夫婦でも性的行為の強要だと思うよ」

私が受けていたのは性的行為の強要？

言葉の激しさにつらい記憶が呼び起こされ、動揺した。呼吸が浅くなる。

渡部さんによると、一般的に女性と男性は性的欲求の強さやそれが湧《わ》き起こるためのプロセスが異なるといわれているそうだ。セックスに求めるものも、ちがう。お互いにそれを理解していないと、すれちがいが生じるということだった。

この問題は、男性に「性欲を我慢しましょう」、女性に「男性の性欲につき合いましょう」といっても解決しない。

セックスは、諸刃《もろは》の剣《つるぎ》なんだと思った。

愛情を深めることもできるし、心をずたずたに切り裂くこともできる。

凝り固まった私の心を会話という前戯でほぐしてきた渡部さんは、身体への前戯にもたっぷり時間をかけてくれた。

ホテルに入ると、儀式がはじまる。

私をソファに座らせ、会えないあいだ胸に溜まった不安を吐き出させる。そのあいだ、背後からハグしてくれることもあれば、並んで座りずっと肩をなでてくれることもある。

彼はそうやって私のコンディションを測ってくれていた。

「僕が全部受け止めるから」

話している最中にフラッシュバックが起きることもあった。夫が入ってきたときの身体の痛みや、投げつけられた心ない言葉の数々が、唐突によみがえってくる。

「大丈夫だよ、ミオ。大丈夫だ」

話しながら涙が止まらなくなってしまった私を渡部さんがぎゅっと抱きしめる。まるで子どもをあやすみたいに。

だんだんと落ち着きを取り戻してきた私の唇《くちびる》に、渡部さんの唇が触れる。軽いキス。唇が離れ、おでことおでこを合わせる。そして、さっきより少しだけ深いキス。

私の頭から不安が出ていったのをたしかめてから、渡部さんはふいに屈《かが》み、私をお姫さま抱っこする。

痩せているとはいえ長身の私は、お姫さま抱っこなんてこれまでされたことがない。

「まだ自分の身体を相手にあずけるのが苦手なんだな」

渡部さんが微笑んだ。

ベッドの上で耳の周りや首筋にキスをしながら、渡部さんは私のシャツのボタンを外す。肌があらわになった胸元に、キスをする。

あの本を読むまで、私は乳首とクリトリスだけが性感帯だと思っていた。私はそこすらも満足に感じない欠陥品だと、自分を責めていた。

夫以外の男性とベッドをともにするようになって、それは、苦痛を強《し》いてくる夫への嫌悪感が快感の回路をシャットダウンしていたせいだとわかった。

渡部さんの指が、唇が、触れるか触れないかのうちから、私はもう呼吸が乱れはじめる。性感帯は乳首やクリトリスだけではなかった。彼は、比喩《ひゆ》ではなく本当に全身に指や舌を這《は》わせた。だんだんと深まっていく快感におぼれているうちに服が脱がされ、下着もはずされている。

私ひとりだけが盛り上がっているようで恥ずかしく、一度訊《き》いたことがある。

「あなたは興奮しないの？」

「してるよ」

「だって、いつも私ひとりが感じてるじゃない？」

「僕は感じているきみを見て興奮する。いま、大きな悦《よろこ》びの真っただ中にいるんだよ」

そういわれて私は安心する。ふたりで感じるって、こういうことか。


夫はセックスのとき、私の顔を見たことがあっただろうか。

渡部さんは私の顔から目を離さない。

常に観察して、私が欲するものを感じ取る。やさしく舐《な》めてほしいのか、強く噛《か》んでほしいのか。浅く攻めてほしいのか、深いところを刺激してほしいのか。渡部さんは私自身を見てくれる。だから、私という人間がここにいるのだと実感できる。

「好きなだけ感じなさい。僕が全部受け止めるから」

摂食障害になって以来、自分の身体が自分のものじゃないようだった。いまは、疑いようがない。汗と体液でびしょ濡れなのも、あられもない声をあげているのも、ぜんぶ私。私は、感じている自分の身体が愛おしい。

これが、気持ちでイクということ

本を読み、東京まで行ってセックスし、そして、はじめてイクということを知った。正確にいうなら、その感覚が身体にインストールされた。夫とのセックスでは、そんなアプリがあることも知らなかった。一度インストールされれば何度でもイケる。それが、渡部さんによってバージョンアップされていく。

「挿《い》れただけでイッちゃったね」

何度そういわれたかわからない。

「うん……挿れただけなのに」

彼はいつも、ゆっくり入ってきた。焦《じ》れったくなるほど、スロースピードで。奥に届く前に私はもう、オーガズムの波に呑《の》み込まれている。頭に電流が走る。獣《けもの》じみた声をあげる。脳が、制御不能に陥ってしまう。はじめてそうなったときは、自分の身体がどうかしてしまったのではないかと混乱した。

夫が入ってくると裂けるような痛みがあった、奥を突かれると痛くて苦しくて息が詰まり、気が遠くなった……そんな私が、こんなにあっさりイクだなんて。

「これが、気持ちでイクということだよ」

と渡部さんが教えてくれた。その状態で強く抱きしめられてキスをする。渡部さんがゆっくりと動くたびに脳が溶けるような快感が延々とつづく。

相手に自分の全部を明け渡す。それができるのは、渡部さんが私に痛い思いを絶対させないし、もしちょっとでも不快なことがあればすぐにやめてくれるとわかっているから。そうやって積み重ねられた信頼が、絶頂感という形でスパークするのかもしれない。

言葉にするのはむずかしい。身体のほうがよほどよくわかっている。

私の身体にはポテンシャルがあるんだ。底なしの快感に落ちていく。

何も知らずにセックスしてた

渡部さんの上に乗り正常位とはちがう感覚を愉しんでいると、こういわれた。

「こうしながら日常の家庭の問題を夫婦で相談したら、絶対けんかにならないのにな」

「そうね、相談はセックスしながらすればいいのに。そしたら家庭は円満ね」

「いまのミオを見ていると、セックスできなかったなんて信じられないよ」

「ほんと、こんなに感じる身体なのにね」

渡部さんはちょっとイジワルな笑いを浮かべ、腰をぐいっと突き上げる。子宮にまで甘いしびれが到達する。

「私ね、疑問に思うことがあるんだけど……」

「何？」

「夫とセックスしたときはピストン運動が痛くて苦痛だったの。挿入から痛かった。でもさっきは挿入された瞬間にイッたでしょ？　動かしてないのに。それにピストン運動も痛くなくて、ひと突きごとに気持ちいいの。これはどうして？」

渡部さんはつないでいた手を引き寄せた。

上にいた私は渡部さんと重なった。彼は私の背中に手をまわしながら答えた。

「それはこうやって愛情をこめてハグをしているから。女性は愛情を感じると濡れるんだよ。痛いのは、ちゃんと奥まで濡れていないのに挿入してピストン運動するから。そうすると激痛が走る。ピストン運動からは愛情を感じるのがむずかしいし、女性の脳がそれを乱暴な行為ととらえると当然ながら濡れなくなる。そして激痛を感じる。イヤな思いがストレスになって、最終的には身体がセックスを受けつけなくなるのは当たり前じゃないかな」

その解釈は、私を納得させるものだった。

私は気持ちよくなくても、痛いときでも濡れた。だから夫も誤解した。でもそれは表面上だけのことで、奥の奥はまだちっとも濡れていなかった。だから挿入されるだけで痛かったし、ピストン運動は耐えがたかった。夫の前戯はおざなりすぎて奥が濡れるには足りなかった。そして夫も私も、表面だけ濡れていればいいってものじゃないということを、そもそも知らなかった。


「私、何も知らずにセックスしてたのね」

知識が足りないままのセックスは人を傷つける。私は夫から痛みを与えられたし、夫は私に拒否されたことで、愛されていないとずっと傷ついていた。

渡部さんは私を抱きしめながら体勢を反転させた。そして私の肩を抱き寄せながらゆっくりと腰を動かした。

「どう、痛い?」

「痛くない。もっと激しくしてみて」

私は、渡部さんの腰に手をまわして自分のほうに引き寄せた。彼の先端を、自分のもっと奥へと迎え入れたかった。

そしてふたたび獣《けもの》になる。

私が受けた苦痛への慰謝料

夫と別居してから二年半が経ち、「離婚しよう」と決めた。

突然そう思ったのではなく、少しずつその結論に向かって歩きつづけた日々だった。

まず、仕事で独立開業することにした。自分で稼いで、生きていくために。

夫と暮らしていたころは、借金返済のために働いていた。自分がもらったお給料のほとんどを自分で使えなかった。

それと比べたら、子どもとふたりで生きていくためには何だってできると思えた。

独立を決めたことで離婚への決意も加速した。これからは、私個人の名前を使って仕事していくことになる。夫の名字じゃなくて、自分の名字で仕事がしたい――開業への準備を進めるなかで、その気持ちが大きくなっていった。

二年半前は、夫が私に離婚調停を申し立てた。今度は私から離婚の申し立てをする。開業も離婚も、心と身体の調子が少しずつ回復してきたから決意できたのだと思う。

渡部さんはずっと私を支えてくれていた。けれどあるとき、私が健康を取り戻してきたのを見計らったかのように勤め先の転勤が決まり、私たちの関係は消滅した。


私には最後にどうしてもやりたいことがあった。

夫が私にしたことを「性的行為の強要」として、慰謝料の支払いを求める。その請求額は三百万円。

夫がしたのは妻の身体と心を思いやらない、身勝手でお粗末な自慰《じい》行為だった。そんなひどい行為では、身体も心も壊れて当たり前だと、夫に知らせたかった。


調停がはじまり、私は、夫のセックスがいかに自分勝手だったかを調停委員に話した。その幼稚で勝手な行為によって、摂食障害になり、うつ病になり、それでも性欲処理を求められた日々を、すべて説明した。

二年半前に夫が離婚を望んでいたときも、私はセックスがつらいのだと涙ながらに語った。けれど、あのときは「なんでそれで私が捨てられなきゃいけないの」「セックスができないから離婚されるなんて、冗談じゃない」という気持ちが強かった。

いまは、ちがう。夫以外の男性とセックスをしてはじめてオーガズムを体験し、やっと夫が私に何をしてきたかがわかった。あんなのセックスじゃない。ただの暴力。

三百万円が、私の受けた苦痛に見合う額だとは思っていない。私が苦しんできた年数を、夜ごとトイレに顔を突っ込んで吐く苦しみを、簡単にお金には換算できない。でもこれはあくまで、私から見た現実でしかない。

婚姻期間中の夫のセックスがつらかったという理由で性的行為の強要を主張し、慰謝料三百万円が支払われたという話を、私は聞いたことがなかった。

相談に行った弁護士が私に教えてくれた。

「夫婦生活がつらかったといって慰謝料を取るのはむずかしいですよ。女子高校生が帰宅中に襲われた事件の慰謝料でも、三百万円なんです。前途がある若者が一生を棒に振るかもしれない被害に遭《あ》ったのに。法律だと、そんな金額なんですよ」

この国では女性の性が軽んじられているのだと私は知り、ショックを受けた。そして、だからこそ、無理を承知で私は慰謝料を請求したくなった。

あれは、性的行為の強要だった

調停は裁判ではない。

両者が合意に至ればそれでいい。

私は慰謝料の額を一円たりとも妥協するつもりはなかった。金額で合意に達しないときは裁判で戦おうと決めていた。

というか、そう望んでいた。

裁判になれば、私の主張する「性的行為の強要」は認められないだろう。それでもまったくかまわない。公開で行われる裁判を、たくさんの人に観てほしかった。

私はその前で、思いやりも知識もスキルもない性的行為を強要されつづけると、ひとりの女性がどんなふうになるのかを話したかった。

できるだけ多くの人に知ってほしかった。


調停がまとまった。

夫は離婚にも慰謝料の支払いにも応じるという。

調停委員が夫にどう伝えたかは、わからない。

「奥さんは、あなたのセックスが下手《へた》すぎたという理由で慰謝料を請求しています」

とは伝えていないだろう。

夫はただ、これ以上私と関わりたくなくて支払いに応じたのだと思う。

もしかしたら、私のこの狂気のような決意をそれとなく察知し、裁判になるよりマシと思って全額を支払うことを受け入れたのかもしれない。

離婚の調停調書に記載された「慰謝料三百万円」の文字を私は何分も見つめていた。

エピローグ

私の人生はセックスによって一度粉々《こなごな》に壊され、セックスによって再生した。独立開業した仕事も、軌道に乗るまでには少し時間がかかったけれど、おおむね順調に事が運んだ。

もしあのとき……過去をふり返っても仕方がないけど、そう思わずにはいられない。あのとき、あの本を手に取らなかったら、私はいまでも暗闇をさまよっていたはず。

「お風呂入れておいたから、先に入っちゃいなさい」

遠藤《えんどう》さんにそういわれ、私は彼の目の前で服を脱ぐ。タイトなワンピースがするっと足元に落ち、細い肩ひものキャミソールがあらわになる。

「あ、ミオ、ちょっと待って。いい角度」

遠藤さんが棚から一眼レフのカメラを持ち出してくる。彼は私の写真を撮るのが好きだ。シャッター音を聞きながら、私はストッキングを脱ぐ。ファインダー越しに彼が好むポーズをとりながらブラジャー、ショーツ……すべて脱ぎ捨てる。

彼の下半身は外から見ても明らかなくらい大きくなっている。

「視覚で興奮するのよね」

私は笑いながらバスタブに身体をひたす。

「ミオのおかげで、この歳になってもこんなに元気でいられるよ」

遠藤さんは微笑む。


遠藤さんは私と出会ってすぐに、二十五年間連れ添った妻を亡くして三年になると話してくれた。

そのときに見せてくれた奥さんの写真。背が高くて、彫りの深い顔。写真が趣味という彼がとらえた一瞬の表情は美しかったけど、思わず笑ってしまった。遠藤さんの亡き妻が、私にそっくりだったからだ。

お風呂からあがってバスローブのまま食卓に着く。冷えたビールがさりげなく出され、季節の野菜を使ったサラダと前菜が並べられる。料理は妻に先立たれたあとに見つけた趣味らしく、毎回ちがうメニューでもてなしてくれる。

前戯は、食事からはじまる。遠藤さんはときどき食事の手を止めて私を撮るけど、それも愛撫のひとつ。

遅い昼食を時間をかけて楽しんだあと、ベッドに移る。

遠藤さん自身は視覚で興奮するけど、私にとっては触感が大切で、リラックスしないとその気になれないことを彼は知っている。

だから全身マッサージをしてくれる。全裸になった私のすみずみに香りのいいオイルをていねいに伸ばし、疲れをほぐしていく。仙骨《せんこつ》あたりを入念にしておくと、私のオーガズムの激しさがちがうそうだ。

私がイクとき、彼は私の快感を共有する。ふたりのあいだで、気《き》が行き交《か》っている。

「ミオの気持ちよさそうな表情を見ていると一緒にイッてる感じがするよ」

私がイク瞬間は、「中がギューっとなってすごく気持ちいい」という。

遠藤さんは、私がイクたびに一緒に快感を味わえるという。一度だけでなく、何度もその感覚を愉しむ。自分が射精するよりも断然気持ちいいそうだ。セックスは男性がイッたら終わりと思っていた私にとって、それは新鮮な驚きだった。

「私、こんなに気持ちのいいセックスをして、幸せで、健康だから、百歳まで余裕で生きちゃいそう」

「いいね、僕は百歳のミオをイカせる自信があるよ」

「素敵ね。私たち、おじいさんとおばあさんになってもずっと気持ちいいことしましようよ」

「うん、僕はミオより一年長生きするよ。きみを看取《みと》って、そのあとの一年間でいままで撮りためた〝ミオ写真集〟を編集しながら、きみのことを悼《いた》むんだ」

私の心を愛しているのか、身体を愛しているのか、そんなことはどっちでもいい。奥さんの代わりかどうかも関係ない。

彼は、私が自分を愛する以上に私の身体を愛してくれている。

こういう愛し方もあるんだ。

ゆたかなセックスを愉しむために

いい相手といいセックスができれば、それだけで人生の幸福度は格段に上がるはず——。女性向けAVに多数出演中の人気男優・一徹さんに、男性の本音と女性へ向けたアドバイスをうかがいます。

事前に性的同意をとり、セックスで女性を傷つけない、相手の話に耳を傾けられる男性にもっと増えてほしい。そんな相手を見つけたい。

セックスのことを真剣に考えてきたふたりの対談です。

特別対談

Mio meets ITTETSU

ゲスト

一徹さん

1979年生まれ。大学卒業後にAV業界へ。2009年、雑誌「an・an」SEX特集号のDVDに出演したのを機に人気男優へ。18年、自身が監督するAVレーベル「RINGTREE」(girls-ch.com/ringtree.php)を立ち上げる。著書に『セックスのほんとう』(ハフポストブックス)など。

AVファンタジーから自由になろう

Mio　一徹さんの『セックスするふたりのほんとう』を拝読しました。セックスするふたりのあいだでの会話の大切さ、何度もくり返してお話しされていますよね。一緒にご飯を食べたら「おいしいね」といい合うように、セックスのときも会話が不可欠なんだと改めて感じました。私が悩んでいるときに、この本が出ていれば……。現役の男優さんが「男性向けAVはファンタジー」って断言してくださる意味は大きいですね。

一徹さん（以降、一徹）　僕だけじゃなく、ここ二、三年ぐらいはAV業界全体で、ファンタジーだとちゃんと伝えていこうっていう気運が高まっていると感じますね。以前は「みんなファンタジーだってわかったうえでAVを楽しんでいるけど、なかには勘違いする男性もいるから困るよね」っていう感じだったんですけど、いまは「そもそもみんな勘違いしていない⁉」っていうのを前提にしたほうがいいんじゃないかというふうに、考えがシフトしてきたのかもしれません。

Mio　私の元夫も、AVに描かれているものこそ本当のセックスだと信じて疑わないタイプだったのですが、やはりそのような男性は多いと思われますか？

一徹　実際どのくらいの男性が信じているかはわかりませんが、そうした勘違いを払拭したAVを作りたいっていう僕の活動を応援してくださる女性が多いのは、みなさんそれで困った経験が少なからずあるからこそなんだと思いますよ。いままでは男性が下駄《げた》を履《は》かせてもらっていたんですね。女性の我慢のうえに成り立っていたセックスがいかに多いか……きっと現在も多いんでしょうけど。

Mio　多いと思います。私のブログにも、そんな相談がたくさんきています。たとえば、性経験がない女性が結婚後にはじめて夫とセックスしたところ、どうしても気持ちよくなれない。よく聞くと、男性もほとんど経験がなくて、セックスをすべてAVから学んでいた。彼女もそのAVを観て、「私はこんなことできない」「きっと自分はセックスが好きじゃないんだ」と思ってしまって。このご夫婦は話し合いもたくさんされたそうですが、ふたりの前提が〝AVに描かれたセックス〟だから厄介なんです。

一徹　Mioさんご自身の経験にも、通じるものがありますね。苦しんでいる女性のお話を聞くと、僕もAVを作っている側として責任を感じます。でも「これ!」っていう正解を提案するのもまた、むずかしい。セックスは十組カップルがいれば十通りの正解があるので、ひとつだけに絞ることはできないと思うんです。そのあたりのニュアンスをうまく伝えられないのが、もどかしいですね。

男性が早送りする部分こそ大事

Mio　一徹さんも、男優になる以前はAVのなかで行われていることを信じていました?

一徹　信じていましたよ!　でも僕はこん

なキャラなんで、そのうち当時の彼女が「気持ちよくない」ってはっきりいってくれるようになったんです（笑）。中は感じない、とか。だから僕としては前戯で女性にたくさん気持ちよくなってもらって、挿入は僕が気持ちよくなるターンとして粛々《しゅくしゅく》と射精に向かう、って感じでした。そのつど、ちゃんと教えてくれるから僕も軌道修正できたって感じですね。

Mio　女性向けのAVに出られるようになって、「男性が思うセックスと女性が求めるセックスはこんなにちがうんだ！」って思われたことはありますか？

一徹　もちろんありますよ。自分が射精のためにひたすらがんばるので、AVでも「そこを観たい」のが男性なんですよ。女性にとって大事な、セックスをするまでのプロセスや距離感の変化、前戯のさらに前の触れ合いといったものを描いたシーンは、たいていの男性が早送りしちゃいます。僕も昔はそうでした。ほとんどの男性にとっては挿入さえあればいいんですよね。なんでだろうって考えたんですけど、男性にとっては「その相手とセックスできる」＝「自分を受け入れてもらえた！」だからなんだろうなと。

Mio　私の元夫もそうでした。できるか、できないか。その二択しかなかった。できないとわかるとすぐ不機嫌になって八つ当たりしてきたのは、自分が受け入れられないことへの不満でもあったんですね。

一徹　それでは女性がつらいですよね。セックスできるとなったら男性にとってはそれでもう成功だから、そのあとふたりの愉しい時間をどう作っていこう、というのはあまり考えない。あとは自分が射精できればオールオッケーなんです。

Mio　なるほど。「セックスを受け入れられる」＝「自分を受け入れられる」と思っているから、男性は、女性から「気持ちよくない」「痛い」っていわれると、まるで自分自身を否定されたように感じるんでしょうか？

一徹　そうだと思います。男らしさとセックスっていうのが結びつきすぎなんですよね。それを分離するのはすごくむずかしいことかもしれないけど、これからの時代はそうしていかないといけないですね。でないといつまでも、「男性に痛いと伝えるときの言葉は気をつけよう」と女性にばかり負担がかかってしまいます。

「愛はあるけど快感はない」悲劇！

Mio　いまでこそ私も、楽しくて自分に心地いい性生活を送ることができるようになりましたが、この人はセックスが上手《じょうず》だなと思う男性は、たいてい「射精はひとまず措《お》いておく」とおっしゃいますね。女性が感じている姿を一時間でも二時間でも眺めているのが醍醐味《だいごみ》なんだとか。

一徹　それはすごい上級者ですね！　僕もいまは射精に重きを置かなくなっていますが、若いころには無理だったかなぁ。とにかくセックスしたい、出したいという飢餓感に突き動かされてしまう時期が、たいての男性にはあると思います。

Mio　気持ちと身体、両方に余裕が必要ってことですね。

一徹　僕がこの本でハッとしたのは、「愛も快感もあるセックス」「愛はあるけど快感はないセックス」「愛はないけど快感はあるセックス」「愛も快感もないセックス」を明確に分ける考え方です。この区別ができないから苦しんでいる人、たくさんいるんじゃないかなぁ。

Ｍｉｏ　「愛はあるけど快感はない」がいちばんの悲劇ですよ。とくに、多くの女性は「好きな人とセックスをする」「そしたら気持ちいいはず」がワンセットになっていますから。そして男性は一徹さんが先ほどお話しされたとおり、「好きだったら自分を受け入れてくれるはず」＝「セックスさせてもらえる」となっている。私も元夫から「セックスさせてくれないってことは、俺のことを好きじゃないんだろう?」といわれて困りきっていました。夫への愛はある、でも快感はないんです。

一徹　ＡＶの現場では、好き合っている者同士がセックスするわけじゃないんですよ。それでも心が満たされる瞬間がある……って僕が勝手に思っているだけかもしれないけど（笑）。

Ｍｉｏ　ふたりのあいだに流れる〝気〟のようなものを感じることってありますか?

一徹　できるだけそういう表現は避けようと思っているんですけれども、そうとしか思えないときはありますね。愛とか好きとかは措いておいて、心が通じ合っているセックスはそんな感じです。阿吽《あうん》の呼吸で、事が進んでいく。キスしたときに微妙にズレる人もいるけど、現場ではじめて顔を合わせたのにそれがバチッと合うこともある。不思議ですよね。

Mio　好きな人と気持ちいいエッチをするからこその幸せはもちろん大きな部分を占めるわけですが、セックスのよさをその点だけに求めすぎている気もします。セックスに何を求めるかと女性に訊《き》くと、〝安心感〟〝一体感〟〝やすらぎ〟といった答えばかりが返ってくるのも、その表れですよね。肉体的な快感とか、それによって身体の機能にいい影響が出ることとか、そういう要素があまり出てこないように感じます。

一徹　Ｍｉｏさんは、「愛はあるけど快感はない」セックスで苦しんでいたころの自分に、いまの自分から何かいってあげたいことはありますか？

Mio　もうちょっと自分自身を大切にしなきゃだめよ、っていいたいですね。あとは会話かなぁ。お互いにもっと言葉を交《か》わしていたら……でも彼はニブニブ君だから、あんまり変わらなかったかもしれませんけどね。

一徹　ニブニブ君ってなんですか⁉

Mio　いい人なんだけど、すごく鈍感だったのでそう呼んでいます（笑）。それに、私自身もセックスについてもっといろんなことを知っていたかったですね。彼に「気持ちよくない」といえなかったのは、当時の私が気持ちいいセックスを知らなかったからっていう面もあるので。あのころは私もＡＶのセックスが普通だと思っていました。それで、気持ちよくないのは自分がおかしい、夫に合わせなきゃ、と。それが間違いでしたね。

それでもセックスをあきらめない

Mio　一徹さんから当時の彼に、何かアドバイスをしていただけるとしたらどうでしょう？

一徹　一般的な男性向けＡＶじゃなくて、「こういうのが女性の求めるセックスだよ」っていうのを映像で見せてヒントをつかんでもらえたらよかったですよね。言葉で伝えるだけではピンとこない人が多いですから。僕はいまＡＶ作品を作ったり、本を書いたりしてたくさんの人にセックスの大事なことを伝えていくお仕事をさせてもらっていますが、男性に届けるのはとくにむずかしいと感じています。

Mio　男性は、ダメ出しされたくない人が多いんだと思います。でも、一徹さんみたいなマッチョなタイプではない同性から「こんなふうに女性に接したら、僕みたいにモテますよ」っていう、ポジティブなメッセージが発信されたなら、そうした男性にも伝わるんじゃないですかね。「こうしちゃダメ、ああしちゃダメ」ではないのが一徹さんの素晴らしいところです。

一徹　ありがとうございます！　ただ、とくに最近は、傷つきたくない、傷つけたくないという理由で、セックスに及び腰になっている男性が増えているようなので、なおさら厳しいんじゃないかとも感じていて。ＡＶだけじゃなく、アニメとかコミックとか性欲を受け止めてくれるものはいくらでもありますし、ＶＲの進化もすごい。女性側にも、そういう傾向は少なからずありますよね。そういったものたちに比べるとセックスはハイコストなので、〃贅沢品〃になっているように見えます。みんな余裕がないんでしょうね。

Mio　たしかに、手軽な気持ちよさで自分に折り合いをつける人は増えていますよね。コストも時間もそうですけど、なにより傷つかずに済むし。でもそれはやはり寂しい気がします。この本を出版することを決めた大きな理由のひとつに、「もっと身体の声に耳を傾ける」という考え方を肯定したいっていう思いもあって。だから、私はこれからも自分のなかにある本能を慈《いつく》しみながら、愉しんでいきたいです。

一徹　僕も、それでもセックスをあきらめないで、と発信しつづけるつもりです。

Mio　男性、女性それぞれに一徹さんの言葉で救われる人はものすごく多いと思います。仕事で出世したりたくさんのお金を稼いだりすることも大切だとは思いますが、大好きな人と気持ちのいいセックスができれば、それだけで人生の幸福度はぐんと上がると思うんですよね。

一徹　これからは、かっこいいとされる男性像が変わってくると思います。相手の女性を尊重して、セックスする前にちゃんと性的同意をとって、セックスで女性を傷つけない。会話ができて、相手のいうことに耳を傾けられる。そういう時代がもう来ていますよね。

あとがき

「もしかしてそれ、セックスがつらかったのではないですか?」

私がそう尋《たず》ねると、女性の目から見る間に涙があふれて止まらなくなりました。バッグからあわててハンカチを取り出し、机に落ちた涙を拭《ぬぐ》います。

日々くり返されるこうした光景を目にして、胸の痛みは増すばかりです。

私は現在、離婚業務に特化した行政書士、カウンセラーを仕事としています。

離婚したいと願う夫婦の「なぜ自分たちは離婚したいのか」「どうして、もう夫婦でいられないと思うのか」という話に耳を傾けていると、セックスに大きな問題を抱えるカップルが、こんなにもたくさん存在するのかと本当に驚かされます。

そしてそれは、かつての私が心と身体を壊すほどに苦しんだ悩みでもあります。

離婚したい理由をあれこれ聞いていても、はじめは「セックス」という単語は出てきません。でも、しばらくすると必ずといっていいほど口をついて出てくるのが、「セックスが苦痛なんです」といったフレーズなのです。

小さな子どもがいて家事と育児で大変なのに、夫が毎晩のように求めてくる。断ると不機嫌になり八つ当たり。だから応じるようにしていたけど、もう無理……。

「私の身体が悪いんです。セックスがイヤで離婚したいなんて、わがままですよね」

いいえ、あなたは悪くありません。あなたの身体はおかしくありません。だから自分をこれ以上責めないで――。こうした悩みを誰にもいえず、孤独のなかで自分を責めている女性たちに、私が自分の失敗から学んだことを伝えられたら……。


意を決して、アメブロにその一部始終を「夫のHが嫌だった」と題して、書くことにしました。二〇一七年の十二月に投稿をはじめたブログは、翌年二月に「メンタルヘルス部門」でアクセス数が一位となり、わがことながらに驚きました。

ブログへの反響に加え、現在の仕事を通じて耳にする事案からも、セックスレスの問題は、個人的にも社会的にも深刻なものになっている、とつくづく感じます。

私のところに離婚の相談にいらっしゃる方にも、ブログに書いたようなお話を少しすることがあるのですが、そうするとみなさんが口をそろえて、

「それ、もっと早く知りたかったです」

といいます。これまで知識を得る機会もなく、誰にも打ち明けられず、どうしていいのかわからなくて途方に暮れていたのですね。


そこで考えました。離婚するにはいろんな理由があるけれど、セックスレスが関わっているケースなら、このブログのエッセンスをもっと多くの人に伝えることによって、幅広い女性にとって問題解決のちょっとしたヒントになるかもしれない。

その思いがいま、こうして本という形になりました。


男性の身勝手なセックス、女性の身体や触れ方についての知識がないセックス、女性の心を無視したセックス、女性の身体を使った排泄行為のようなセックス——こういった姿勢を指して〝ジャンクセックス〟という言い方があります。ジャンクとは「がらくた、故障品、役に立たない、欠陥があり本来の機能を果たせない」といった意味

です。

そんな悲しいセックスに苦しんでいる人、それが原因でセックスレスになったり、離婚を考えたりする人たちは、黙っているだけで実は大勢います。あなたもそうなのかもしれないし、私もそうでした。

だから私は、この本を出すことで「そんなセックスはカッコ悪いよ！」と、多くの男性たちにも伝えたいなと本気で思っています。


本書の刊行に際しては、企画のたまご屋さん・森久保美樹さんから最初のきっかけをいただき、フリー編集者の三浦ゆえさんのお力を借りながら原稿を洗い直し、再構築する作業にあたりました。ブログの連載時よりも、幅広い層の人たち（性別と世代を超えて）に関心をもって読んでもらえたらと願って……。

各章末では、ベストセラー『女医が教える本当に気持ちのいいセックス』の著者で産婦人科医の宋美玄《そんみひょん》先生が、「性交痛」やセックスレスについての解説コラムを書いてくださいました。私も、結婚したときからこうしたことを知っていたら、また別の人生を送れていたのかもしれません。

巻末では、女性向けＡＶを中心に活躍する男優一徹《いってつ》さんとお話をさせていただき、「それでもセックスをあきらめない」という言葉にハッとしました。そうです、セックスをあきらめないということは、人生をあきらめない、ということ。生きる悦《よろこ》びを求めていいんだ、求めるべきなんだ、という力強いエールをもらったような気がしてエネルギーが満ちてくる思いでした。本当にありがとうございました。

最後に、私の思いに身を寄せてくださった多くの方々、ブログを愛読し、真摯《しんし》な書き込みをしてくださったみなさんに、あらためて御礼を申し上げます。

二〇一九年九月一日　Ｍｉｏ

本書は、アメブロで二〇一七年十二月より連載が開始されたブログ「夫のHが嫌だった」を再構成し、大幅な加筆を施したものです。

Mio（ミオ）

大阪府生まれ。大学で知り合った同級生の男性と二十二歳で結婚。夫との夫婦生活が苦痛で、自分はセックスができない身体なのではないかと悩み、摂食障害とうつ病に。その後セックスレスを理由に夫から離婚調停を申し立てられ別居を経て離婚。二〇一七年の冬からアメブロに当時を振り返る手記を連載し、大きな話題を集める。現在は税理士・行政書士・カウンセラーとして、女性起業家のサポート・離婚業務を中心に活動している。

夫のHがイヤだった。

二〇一九年十月二十五日　第一版第一刷　発行

著　者　Ｍｉｏ

発行所　株式会社亜紀書房
〒一〇一-〇〇五一
東京都千代田区神田神保町一-三二
電話　〇三-五二八〇-〇二六一
http://www.akishobo.com
振替　00100-9-144037

印刷所　株式会社トライ
http://www.try-sky.com

デザイン　ＡＰＲＯＮ（植草可純、前田歩来）
編集協力　三浦ゆえ

ISBN978-4-7505-1613-4